Anna Barbierato

Italienisch üben
Lesen & Schreiben B1

Hueber Verlag

3. 2. 1. | Die letzten Ziffern
2026 25 24 23 22 | bezeichnen Zahl und Jahr des Druckes.
Alle Drucke dieser Auflage können, da unverändert,
nebeneinander benutzt werden.
1. Auflage

Umschlaggestaltung: Sieveking · Agentur für Kommunikation, München
Layout und Satz: Sieveking · Agentur für Kommunikation, München
Verlagsredaktion: Anna Colella, Jürgen Frank, Stephanie Pfeiffer, Hueber Verlag, München
Druck und Bindung: Friedrich Pustet GmbH & Co. KG, Regensburg
Printed in Germany
ISBN 978–3–19–417909–7

Art. 530_28277_001_01

Inhaltsverzeichnis

D M'informo, leggo, guardo…

E Lo sapevate? Un Paese interessante

F Per rilassarsi è il massimo!

G Non una sola lingua

Vorwort

Liebe Lernerinnen, liebe Lerner,

Italienisch üben Lesen & Schreiben B1 ist ein Übungsbuch für fortgeschrittene Lernende mit Vorkenntnissen auf Niveau B1 zum selbstständigen Üben und Wiederholen. Es eignet sich auch für den unterrichtsbegleitenden Einsatz, zur Überbrückung von Kurspausen oder zur Vorbereitung auf Prüfungen der Niveaustufe B1 des *Gemeinsamen Europäischen Referenzrahmens*.

Italienisch üben Lesen & Schreiben B1 orientiert sich an den gängigen B1-Lehrwerken für den Kursunterricht und trainiert die Fertigkeiten Lesen und Schreiben auf diesem Niveau. Die abwechslungsreichen Übungen behandeln alle für die Bewältigung der schriftlichen Alltagskommunikation wichtigen Themen und den entsprechenden Wortschatz. Authentische Textsorten wie E-Mail, Artikel, Flyer, Blog oder Chat unterstützen dabei das Leseverstehen und geben Ihnen mehr Sicherheit im schriftlichen Ausdruck.

Die Lösungen zu allen Übungen finden Sie im Anhang. Zu den Übungen, in denen Sie selbst einen Text schreiben sollen, geben wir jeweils eine mögliche Lösung an.

Und nun wünschen wir Ihnen viel Spaß und viel Erfolg!

Autorin und Verlag

A Punti forti, punti deboli

A1 È il lavoro giusto?

1a Der folgende Artikel ist in einem Online-Magazin erschienen. Entscheiden Sie, welcher der folgenden Titel NICHT dazu passt und streichen Sie ihn durch.

UN LAVORO... COME TE

La felicità è un lavoro sicuro

Primo passo: conoscersi

Ci sono persone positive e ottimiste, che sono capaci di lavorare bene anche in situazioni critiche, altre nervose alla prima difficoltà; alcune riescono a lavorare benissimo in team ma sono negate per l'organizzazione, altre sono brave a organizzare, ma sono timide e introverse... Qual è il lavoro giusto per persone così diverse? Secondo uno studio recente risulta che è più felice chi svolge una professione adatta al proprio carattere: il lavoro ideale non è quello dei propri sogni, ma quello che ci assomiglia di più. Si è visto infatti che il livello di stress sul lavoro dipende anche dalle caratteristiche della persona: chi è molto stressato spesso sta facendo un lavoro non adatto alla propria personalità. Per trovare la professione giusta, perciò, bisogna capire prima di tutto quali sono i punti forti del proprio carattere. Una persona socievole, altruista e generosa, ma anche saggia e equilibrata, per esempio, potrebbe essere un medico, un infermiere o un insegnante perfetto; se sogna di fare il programmatore informatico, invece, forse dovrebbe pensarci un momento... Potrebbe essere più portata per un lavoro così – individuale, con poco contatto con il pubblico – una persona timida e introversa, ma anche creativa, precisa e affidabile. Insomma, oggi l'antico proverbio «Nosce te ipsum» (Conosci te stesso) aiuta anche a trovare lavoro!

1b ***Vero o falso?*** **Lesen Sie den Artikel auf Seite 7 ein weiteres Mal und entscheiden Sie, ob die folgenden Aussagen dem Text zufolge richtig oder falsch sind.**

	vero	falso
1. C'è gente che lavora bene con altre persone, ma non sa organizzarsi.	☐	☐
2. Le persone più contente fanno il lavoro che hanno sempre sognato.	☐	☐
3. Per trovare il lavoro giusto bisogna fare un test sul carattere.	☐	☐
4. Una persona introversa, ma precisa e piena di idee potrebbe essere un buon programmatore informatico.	☐	☐

1c **Ein paar Leserinnen und Leser haben den Artikel kommentiert. Zu wem passen die Aussagen 1 bis 4? Schreiben Sie die passenden Namen hinter die Sätze.**

1. Pensa che l'autore dell'articolo abbia ragione. ______
2. Secondo lui / lei la vita reale non è così semplice. ______
3. Ha trovato l'articolo interessante. ______
4. Crede che lo stress non dipenda solo da un aspetto. ______

Iggy
Ho appena letto l'articolo... Non so, è possibile, però non è questo il punto: qui si parla solo di un aspetto, ma secondo me la realtà è molto più complessa: l'articolo insomma non aiuta a capire veramente il mondo del lavoro, presenta solo una prospettiva, ma dimentica il resto.

Mara
Io non sono d'accordo. Il carattere non è così essenziale. Per me lo stress dipende da molte altre cose: i colleghi, la situazione privata, la distanza dal posto di lavoro... Per esempio, puoi avere il carattere ideale per quel lavoro, ma se i tuoi colleghi lavorano male o non lavorano affatto, hai un problema!

Leo
@Mara: Sì, va bene, però è vero quello che si dice nell'articolo. Un lavoro non adatto al proprio carattere può diventare un incubo – parlo per esperienza diretta, purtroppo...

Eva
@Iggy: Cioè vuoi dire che è un articolo banale? Mi dispiace, ma non sono assolutamente d'accordo con te. Secondo me è un articolo originale, che presenta il problema da una prospettiva nuova. Io almeno l'ho letto con grande interesse!

1d Lesen Sie die Kommentare der Leserinnen und Leser noch einmal. Notieren Sie dann, welche Ausdrücke sie verwenden, um ...

1. ... deutlich mitzuteilen, dass man nicht einverstanden ist und um die eigene Meinung zu äußern: *Io non sono* __________
2. ... um eine Erklärung zu bitten: __________
3. ... die Diskussion höflich um die eigene Sichtweise zu erweitern: __________
4. ... die Diskussion in eine andere Richtung zu lenken: __________

1e Linda hat den Artikel von Seite 7 ihrer Freundin Monica weitergeleitet. Die beiden chatten darüber miteinander, aber leider haben sich irgendwie falsche Schriftzeichen eingeschlichen. Können Sie das wieder in Ordnung bringen?

Grazie del link! L'articolo era interessante!

Anche a me è piaciuto! Io sarei una programmatrice perfetta, sono così poco socievole... 🙂

❄ì, è ❖☜r♦, p☜r♦ s☜c♦☼do m☜ poi ti annoieresti.

Sì, è vero __________

☼on so, ☜ ★♦ss♦•ile, ★☜rò per me lavorare con un team è molto faticoso.

____

✈♦oè v◆⬩i ✐♦re c◎e preferiresti lavorare sola?

____

☼♦, n♦n è q◆☜❄to il p◆☼t⬩. Ma un team funziona se tutti sono responsabili e precisi. Invece nel mio ufficio... ☹

____

Ma dai, i tuoi colleghi sono allegri e creativi, non è poco!

1f Linda hat den Artikel auch Ihnen weitergeleitet. Ihre Gedanken sind auf Deutsch angegeben, schreiben Sie Linda auf Italienisch.

Hai letto l'articolo? Adesso ho finalmente capito perché sono stressata. Sono troppo altruista e generosa con i colleghi. 🙂

Sie fragen nach: zu selbstlos und großzügig? Sie bitten Linda um eine Erklärung: erledigt sie die Arbeit der anderen?

Come „troppo altruista e generosa"? Cioè… ____________________

____

Esatto! E per questo esco sempre troppo tardi dall'ufficio.

Sie stimmen zu, fügen aber hinzu, dass sie auch eine lange Mittagspause macht.

____

Beh, ma la pausa è necessaria!!

Sie antworten, dass es darum nicht geht. Sie schlagen ihr vor, dass sie vielleicht eine kürzere Pause machen könnte und so früher nach Hause gehen könnte.

____

____

____

Non so… È possibile, però secondo me non cambierebbe molto. Semplicemente abbiamo un monte di lavoro in questo periodo. 🙁

A2 Credo di essere affidabile

2a Lesen Sie den Artikel auf Seite 7 erneut und suchen Sie darin die Ausdrücke für die folgenden Umschreibungen. Vergessen Sie die Präpositionen nicht!

1. avere un talento naturale per qualcosa:

   essere portati/e per

2. riuscire a fare qualcosa:

   ____

3. sapere fare bene qualcosa:

   ____

4. non essere per niente bravi/e in qualcosa:

   ____

> Sono **bravo / brava a** cucinare, **a** disegnare, **a** organizzare...
> Sono **bravo / brava in** italiano, **in / nel** disegno, **nello** sport...

2b Antonia hat die folgende Stellenanzeige im Internet gefunden. Suchen Sie darin nach Ausdrücken, die den Sätzen 1 bis 4 unten entsprechen.

Impresa leader nel settore marketing con filiali in tutta Italia, cerca per la propria sede di Bologna un/una candidato/a per la posizione di

RESPONSABILE UFFICIO COMMERCIALE

Il/La candidato/a ideale è in possesso dei seguenti requisiti:

- ☐ esperienza lavorativa di almeno un anno
- ☐ ottime capacità organizzative
- ☐ ottime conoscenze informatiche
- ☐ talento per le relazioni umane, positivo/a, affidabile, capace di lavorare in un team internazionale

Si richiede una buona conoscenza dell'inglese.

Disponibilità: dal lunedì al venerdì / no smart working

1. Ha queste caratteristiche: *è in possesso...*
2. Ha già lavorato: ________________
3. Sa organizzarsi molto bene: ________________
4. È portato/a per le relazioni umane: ________________

2c Nachdem sie die Stellenanzeige gelesen hat, denkt Antonia über ihre Stärken und Schwächen nach und schreibt diese auf einen Zettel. Können Sie Antonias Stärken und Schwächen mithilfe der Ausdrücke aus den Aufgaben 2a und 2b beschreiben?

☺ *Punti di forza: informatica; organizzazione; anche lavori manuali (p. es. riparare un lavandino!)*

☹ *Punti deboli: lingue straniere; sport*

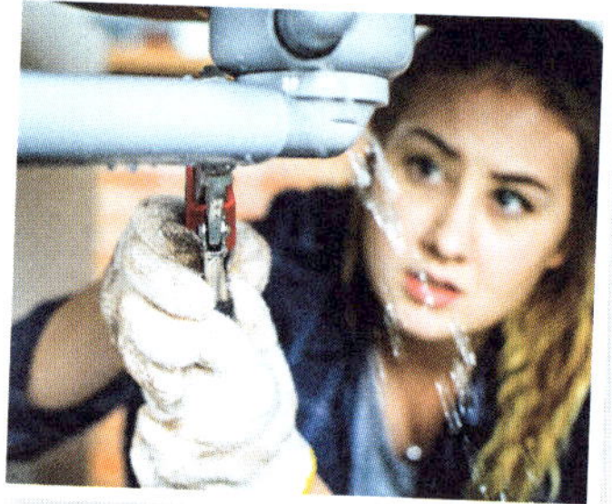

Antonia è portata per ______________________________

____

____

____

____

____

2d Antonia und ihr Bruder Paolo tauschen sich über die Stellenanzeige aus. Lesen Sie die E-Mails und fassen Sie sie auf Seite 13 zusammen: Welche Zweifel hat Antonia? Wozu rät ihr Paolo?

Ciao, leggi per favore l'annuncio del link. Penso che sia proprio il lavoro adatto a me – ho le conoscenze tecniche che richiedono. E credo anche di essere, come dicono loro, «positiva e affidabile». Però c'è un problema perché secondo me gli stipendi di questa impresa sono più bassi della media, o almeno l'ho sentito dire... Insomma, non sono sicura che paghino bene. Cosa dici, mi candido lo stesso? Dovrei inviare il curriculum entro il 1. agosto. Ciao, Anto

Ciao Anto, certo, mandalo subito! Non credo che ci siano molte persone con un profilo simile. E penso anche che la ditta abbia fretta di trovare qualcuno – almeno non credo che vogliano aspettare fino ad agosto, quando metà degli impiegati saranno in vacanza... Quindi scrivi il curriculum e invialo subito. E non preoccuparti per lo stipendio, di questo si discute dopo! Ciao, Paolo

Antonia:

Secondo Antonia gli stipendi

Paolo:

Secondo Paolo Antonia dovrebbe

2e Lesen Sie die beiden E-Mails auf Seite 12 noch einmal und ergänzen Sie die Tabelle.

Antonia... **pensa che...** **crede di...** **non è sicura che...** **secondo lei...**	*sia proprio*

Paolo... **non crede che...** **non crede che...** **pensa che...**	*ci siano*

credo / penso che **+ Verb im Konjunktiv:**
(io) credo **che** *lui* vada / che *loro* siano / che *tu* chieda...

credo / penso di **+ Verb im Infinitiv:**
credo **di** avere tempo (*io* credo / *io* ho tempo)
pensano **di** avere ragione (*loro* pensano / *loro* hanno ragione)

2f Antonia macht sich weiter Sorgen... Bringen Sie ihre Gedanken in möglichst abwechslungsreiche vollständige Sätze (siehe Übung 2e).

Manager: sicuramente no decisione entro agosto → bisogno di più tempo

Lavoro veramente interessante??

io e l'inglese ☹

Affitti a Bologna troppo cari!

Antonia crede che i manager non

2g In diesem Kapitel sind Ihnen viele Adjektive begegnet, die den Charakter einer Person beschreiben (z. B. *ottimista* oder *nervoso*). An wie viele solcher Adjektive können Sie sich erinnern? Schreiben Sie sie auf. Danach können Sie Ihre Liste mit den Adjektiven aus dem Text auf Seite 7 vergleichen. Fehlt etwas? Versuchen Sie abschließend, den Charakter einer Person aus Ihrem Umfeld zu beschreiben.

Io sono ottimista

Aggettivi: ottimista, nervoso,

... è una persona allegra, un po'

Non è

A3 Cari colleghi...

3a Alessandro macht ein Praktikum in einer Firma. Er hat beim Drucker einige Papierfetzen auf dem Boden gefunden und ist neugierig geworden. Helfen Sie ihm, den Text wieder in die richtige Reihenfolge zu bringen.

- ☐ *lavora. Per la prima volta abbiamo deciso anche noi di*
- ☐ *alcune regole: i cani non devono disturbare gli altri colleghi e non possono entrare in alcune aree specifiche, come le mense,*
- ☐ *la Giornata Mondiale dei cani in ufficio. In questo giorno sempre più imprese permettono di portare i*
- ☐ *rinunciare a portare il cane in ufficio. Ogni cane dovrà avere a disposizione acqua e cibo. Vi preghiamo di portarlo a*
- ☐ *è possibile trovare una soluzione adatta a tutti, Vi chiediamo gentilmente di*
- ☐ *la presenza di un cane in ufficio abbia molti vantaggi: rilassa, migliora l'umore e la motivazione di chi ci*
- ☐ *potrà muoversi liberamente.*
  Per ulteriori dettagli e per eventuali domande siamo a Vostra disposizione.
- ☐ *partecipare all'iniziativa: venerdì chi lo desidera potrà portare il proprio cane in ufficio. Importante: tutti i colleghi presenti nella stessa stanza dovranno essere*
- 1 *Cari colleghi, da qualche anno l'ultimo venerdì di giugno si festeggia*
- ☐ *d'accordo con la presenza dell'animale in ufficio. Se ualcuno soffre di allergia e / o ha paura dei cani, e non*
- ☐ *cani sul posto di lavoro. Sembra infatti che*
- ☐ *fare la passeggiata prima o dopo il lavoro (una breve uscita con il cane durante l'orario di lavoro è possibile solo in casi eccezionali). Vi chiediamo anche di rispettare*
- ☐ *le sale riunioni e i bagni. La cosa migliore è tenere il cane nel proprio ufficio, dove*

A

3b **Die Ankündigung des „Bürohundetags“ macht natürlich schnell die Runde und die Kolleginnen und Kollegen diskutieren im Firmenchat darüber. Lesen Sie die folgenden Aussagen und markieren Sie in Grün diejenigen Reaktionen, die für die Hunde im Büro sprechen, und in Rot diejenigen, die dagegen sprechen.**

L'animale si annoierebbe perché non può seguire i suoi ritmi.

Non deve restare solo a casa per ore.

Deve restare troppo tempo fermo sotto la scrivania.

Si abitua a persone e ambienti diversi.

È un rischio per le persone che soffrono di allergia.

Un cane abbaia e fa rumore.

Con il proprio cane in ufficio uno è più tranquillo.

Se ci sono altri cani nella stanza, potrebbe essere un problema.

Non tutti sono entusiasti di avere un animale vicino.

Un animale può portare malattie.

È più difficile concentrarsi sul lavoro.

Un cane in ufficio aumenta la motivazione.

3c Franco, der am Freitag mit Alessandro im gleichen Büro arbeitet, hat ihm eine E-Mail geschickt: Er möchte seinen Hund mitnehmen! Alessandro leidet an einer Allergie, möchte aber eine Lösung finden. Helfen Sie ihm, Franco zu antworten. Halten Sie sich dabei an die folgende Argumentation.

- Er bedankt sich für die Information. Aber er glaubt nicht, dass es eine gute Idee ist, dass er den Hund mitbringt. → Leider Allergie!
- Er hat schon an mögliche Lösungen gedacht: Fenster offenlassen, Abstand zwischen den Schreibtischen vergrößern, aber er ist nicht sicher, dass das reicht.
- Er glaubt aber, dass die Sekräterin am Freitag nicht arbeitet → Büro frei. Das könnte die Lösung sein!
- Er informiert sich und meldet sich wieder.

Caro Franco,

grazie per l'informazione. Però non credo

B Ci sono stati dei problemi

B1 Avevamo deciso di fare una vacanza

1a Nadia hat einen Urlaubsbericht (Seiten 18 und 19) für einen Reiseblog geschrieben. Leider hat sie die Fotos dazu nicht nummeriert und außerdem ein Foto zu viel geschickt. Folgen Sie dem Bericht und helfen Sie der Online-Redaktion, die Fotos in die richtige Reihenfolge zu bringen und das überflüssige Foto zu löschen.

A

B

C

D

E

F

Nadia

Trekking con gli asini. Bello, ma...

Buongiorno, ecco un breve riassunto della nostra esperienza – forse può essere utile a qualcuno! Quest'anno io e mio marito Lorenzo avevamo deciso di fare una vacanza «slow» in mezzo alla natura. Dopo molte discussioni abbiamo scelto di fare un trekking con gli asini di una settimana attraverso l'Umbria. Abbiamo trovato un'organizzazione che noleggiava questi animali anche senza guida (chiaramente l'itinerario e le tappe erano già fissati). Appena arrivati, abbiamo seguito un breve corso per conoscere gli asini e per sapere come comportarci con loro. All'inizio è andato tutto abbastanza bene, anche se il mio asino – Tonio – ha capito subito che io non avevo nessuna esperienza e anzi, che avevo un po' paura di lui (l'animale era buonissimo, il problema era mio...). Risultato: guidare Tonio per me non è stato per niente facile, diciamo che faceva un po' quello che voleva... Per esempio voleva fare sempre delle pause per riposarsi e per mangiare. Lorenzo aveva un asino dal carattere migliore, ma anche lui ha dovuto fare attenzione e concentrarsi, soprattutto a causa delle brutte condizioni di alcuni sentieri, bloccati da piante e qualche volta anche da alberi caduti.

Purtroppo il quarto giorno il tempo è improvvisamente cambiato e sono cominciati dei forti temporali. Per questo e anche perché eravamo rimasti solo con un cellulare (il mio si era rotto), abbiamo deciso di interrompere il viaggio. Gli organizzatori sono stati gentilissimi, sono venuti a prendere noi e gli asini e ci hanno riportato indietro. È stata comunque una bella esperienza, ma sicuramente da preparare meglio. Se è – come è stato per noi – la prima volta, consiglio caldamente di prenotare il tour con la guida, per familiarizzare con questo tipo particolare di viaggio e con gli animali. E anche perché guide esperte, come sono le persone di quest'organizzazione, sanno risolvere prima e meglio i diversi problemi che si possono presentare in viaggio.

1b Lesen Sie den Bericht noch einmal und beantworten Sie die folgenden Fragen.

1. Che tipo di vacanza volevano fare Nadia e suo marito Lorenzo?

____

____

2. Quando sono arrivati, che cosa hanno fatto?

____

____

3. Cosa aveva capito l'asino di Nadia?

____

____

4. Perché Nadia e Lorenzo hanno interrotto il viaggio?

____

____

5. Che consiglio dà Nadia?

____

____

1c **Lesen Sie den Blog-Beitrag auf den Seiten 18 bis 19 noch einmal. Welche Zeiten der Vergangenheit verwendet Nadia, um die in der Tabelle angegebenen Handlungen auszudrücken? Unterstreichen Sie die Zeiten im Text mit den hier angegebenen Farben (grün/rot/blau) und schreiben Sie passende Beispiele sowie die Zeitform in die Tabelle.**

1. Handlungen und Vorgänge, die vor anderen Handlungen in der Vergangenheit abgelaufen sind:

Zeitform: *trapassato prossimo*

Beispiele im Text: *avevamo deciso,* ____________________

____

2. Handlungen, die abgeschlossen sind bzw. nacheinander stattfinden oder plötzlich eintreten:

Zeitform: ____________________

Beispiele im Text: *abbiamo scelto,* ____________________

____

____

____

____

3. Handlungen, die im Hintergrund ablaufen oder die eine Gewohnheit ausdrücken:

Zeitform: ____________________

Beispiele im Text: *noleggiava,* ____________________

____

1d **Ergänzen Sie nun die Reiseerlebnisse hier und auf Seite 21 oben mit den passenden Verben der folgenden Liste.**

siamo arrivati • è stata • avevamo • aveva già chiuso • è stato • c'era • eravamo • abbiamo visto • c'eravamo stati • avevamo prenotato • ha preparato • abbiamo visitato

1. ____________________ in canoa, quando improvvisamente ____________________ un delfino!

2. Il gestore ______________________ il locale,
ma ______________________ gentilissimo e ci
______________________ dei panini.

3. ______________________ poco tempo, perciò non
______________________ il Museo della Maiolica.

4. Taormina ______________________ una sorpresa.
______________________ molti anni fa, ma ora è molto cambiata.

5. Non ______________________ il campeggio e purtroppo quando
______________________ non ______________________ neanche
un posto libero.

1e Sie haben auch eine Reise gemacht und möchten – von Nadias Bericht inspiriert – ebenfalls einen Blog-Beitrag schreiben. Die folgenden Angaben helfen Ihnen dabei.

- Anfang des Jahres eine Reise beschlossen: Oktober / fünf Tage / Segelboot / Elba / mit einem befreundeten Paar.
- Am Anfang: Reise in Ordnung, auch wenn ein wenig Wind + bedeckter Himmel.
- Am dritten Tag: Wetter hat sich geändert. Als wir plötzlich schwarze Wolken gesehen haben → Rückfahrt nach Portoferraio beschlossen.
- Hafen schon vor uns: plötzlich starkes Gewitter → Wasser im Boot festgestellt!
- Nicht zu lange gewartet → Anruf: Guardia Costiera → Grund: Angst!
- Guardia Costiera sofort gekommen: mit ihrer Hilfe Rückkehr in den Hafen.
- Uns ist diesmal nichts passiert, aber wir waren wirklich nicht vorsichtig. Tipp: sich nicht wie wir verhalten. Wettervorhersagen beachten und Telefonnummer der Guardia Costiera immer dabei haben!

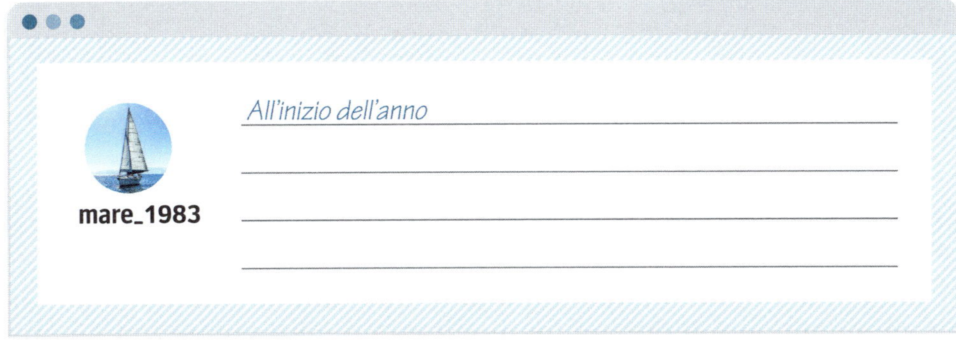

B2 Leggerissima e robusta

2a Bei der Vorbereitung der Reise (siehe Seiten 18 und 19) hat Nadias Schwester Iris mitgeholfen. Lesen Sie die Nachricht, die Nadia ihr hinterlassen hat und schreiben Sie die Namen der Reiseaccessoires unter die passenden Fotos. Welche dieser Gegenstände haben am Ende nicht ihren Weg in Nadias Gepäck gefunden?

Ciao Iris, gli scarponi mi vanno bene, grazie! La lampada da viaggio, invece, non è importante perché dormiremo nei Bed&Breakfast e quindi la lascio qui, insieme allo specchio (se si rompe, sono sette anni di sfortuna!). ☺ Prendo anche i tuoi bastoncini da trekking, il piumino e lo zaino rosso, che è più leggero del mio. E anche la coperta, credo che ci possa servire. Le cose da toilette – pettine, sapone, shampoo ecc. – le porta Lorenzo, dato che il mio zaino è già molto pesante. I fiammiferi non servono, abbiamo già un accendino (hai pensato proprio a tutto!!). ☺ Il diario lo puoi tenere tu, nel mio zaino non c'è più spazio… lo userai nel tuo prossimo viaggio!

1. *zaino,* ____________
2. ____________
3. ____________
4. ____________
5. ____________
6. ____________
7. ____________
8. ____________
9. ____________

2b Lesen Sie den Notizzettel auf Seite 22 noch einmal und entscheiden Sie, ob die folgenden Punkte dort enthalten sind oder nicht.

	Sì	No
1. A Nadia servono ancora degli oggetti che Iris non possiede.	☐	☐
2. Nadia parla di una superstizione.	☐	☐
3. Iris ha un accessorio che è meno pesante di quello di Nadia.	☐	☐
4. Nadia non può scrivere un diario di viaggio.	☐	☐
5. Lo zaino di Nadia è pieno.	☐	☐

2c Lorenzo ist im Internet auf der Suche nach Camping-Bedarf für den nächsten Urlaub. Der Online-Shop scheint aber technische Probleme mit der Darstellung seiner Angebote zu haben. Können Sie die Beschreibungen mit den folgenden Wörtern ergänzen?

~~quadrato~~ • triangolare • legno • altezza • rettangolari • plastica • cotone • cartone • tessuto • rotondo • larghezza

2d Lorenzo interessiert sich schließlich für eine LED-Leselampe und folgt dem Link. Die technischen Probleme der Website dauern aber an: Die ganze Produktbeschreibung ist durcheinandergeraten! Bringen Sie den Text wieder in die richtige Reihenfolge.

www.accessori-da-campeggio.it/lampadeLED/

- ☐ sostituire la batteria. Garanzia: 1 anno. In caso di problemi ti
- 1 Leggerissima e robusta, la lampada da lettura *Piuma* pesa
- ☐ altezza occupa meno spazio di un libro. Si può
- ☐ la lettura, la scrittura, il lavoro, si fissa rapidamente
- ☐ di luce continua. Particolarmente comoda: non è necessario
- ☐ adattare facilmente a ogni tipo di bagaglio. Ideale per
- ☐ rimborseremo o sostituiremo la lampada con una di valore uguale.
- ☐ solo 80 grammi e con 15 centimetri di
- ☐ dappertutto. Caricata completamente, assicura 7 ore

2e Ein Freund von Ihnen räumt den Keller seiner italienischen Ferienwohnung aus und will zwei Gegenstände auf einer italienischen Website verkaufen. Helfen Sie ihm bei der Übersetzung der Kleinanzeigen. Die folgenden technischen Daten hat er Ihnen geschickt.

Zelt: 2 Plätze, rund, braun und grün, wind- und regenfest / wie neu, nur € 65. Schneller Aufbau. Besonders praktisch mit nur 3,5 kg Gewicht. Höhe: 110, Tiefe: 145, Breite: 205

Robuster und praktischer Campingschrank, rechteckig, Farbe Grau, aus Holz und Metall, super Qualität. Leicht zu transportieren (er wiegt nur 6,9 kg) Höhe: 95, Breite: 60; Tiefe 52. Preis: € 54

Vendo ______________________

B3 Chiedo cortesemente il rimborso

3a Lorenzo hat sich die Angebote in Übung 2c und 2d online angesehen. Doch was ist mit den guten alten Prospekten? Wie erreicht man heutzutage die Kunden am besten? Welche der beiden folgenden Aussagen trifft Ihrer Meinung nach auf das Thema Werbung zu?

☐ 1 La pubblicità, oggi, la si fa soprattutto online, sui social media o in televisione. I dépliant pubblicitari sono poco usati.

☐ 2 Anche se oggi si fa la pubblicità soprattutto online, sui social media o in televisione, i dépliant pubblicitari continuano ad essere importanti.

3b Lesen Sie jetzt diese Pressemeldung zum Thema Werbung. Welche Position wird hier vertreten? Liegen Sie mit Ihrer Einschätzung oben richtig?

VIRTUALE O STAMPATO? FARE PUBBLICITÀ OGGI

Economia

Oggi il commercio online è molto diffuso: ormai in Internet si compra e si vende di tutto. Ma come trovano i clienti il loro oggetto del desiderio? Molti lo scoprono durante le pause pubblicitarie alla televisione, moltissimi navigano in Internet o cliccano su pubblicità online; si è notato però che tante persone preferiscono materiali concreti, come i dépliant e gli altri materiali stampati, che continuano ad arrivare quotidianamente con la posta. Naturalmente è possibile che in futuro, anche per rispetto all'ambiente, la situazione cambi; ma per il momento la strategia migliore di marketing sembra essere quella di unire i due canali: la realtà digitale di Internet e la realtà familiare della carta stampata.

Eine Vermutung äußern: *è possibile che / è probabile che* + Konjunktiv
È possibile che in futuro la situazione **cambi**.
È probabile che in futuro i clienti **comprino** solo online.
***Attenzione! Si è notato / visto che* + Indikativ**
Si è notato che tante persone **preferiscono** materiali concreti.

B

3c Der Journalist, der die Pressemeldung auf Seite 25 geschrieben hat, hatte bei der Vorbereitung auf das Thema einige Beobachtungen und Vermutungen formuliert, die er dann weggelassen hat. Was wollte er ursprünglich schreiben?

~~che in futuro la situazione cambi.~~ • che la gente compri sempre più online. • che i piccoli negozi di quartiere hanno sempre più problemi. • che i clienti più anziani abbiano maggiori difficoltà. • che la maggior parte dei negozi ha anche una pagina web. • che un sistema di pubblicità integrato (carta + web) è più efficace. • che la pubblicità su carta sia più cara.

È possibile / È probabile...

che in futuro la situazione cambi.

______

______

______

______

______

______

Si è notato...

______

______

______

______

______

______

______

3d Online kaufen ist nicht immer ganz ohne ... Welche Probleme aus der folgenden Liste werden hier dargestellt? Achtung: In der Auswahl gibt es ein Problem mehr, als Fotos vorhanden sind!

pacco consegnato all'indirizzo sbagliato • imballaggio rovinato • ritardo nella consegna • merce sbagliata / difettosa

1. ______
2. ______
3. ______

3e Erinnern Sie sich an die Leselampe *Piuma* aus Übung 2d (Seite 24)? Lorenzo hat die Lampe online gekauft, aber es ist etwas schiefgelaufen. Lesen Sie, was er dem Online-Shop schreibt und helfen Sie ihm dann, unten das Formular für die Rückerstattung auszufüllen.

da: lorenzo.viola@post.it

a: info@accessori-da-campeggio.it

Oggetto: Reclamo ordine Nr. 493439

lampada_sbagliata.jpg

Gentili Signore e Signori,

lo scorso 27 aprile ho acquistato sul vostro sito la lampada Piuma (ordine Nr. 493439 / pagamento con carta di credito).

Purtroppo ci sono stati da subito dei problemi: per prima cosa il pacco è arrivato con troppo ritardo (doveva arrivare entro 4 giorni e l'ho ricevuto tre settimane più tardi); poi l'imballaggio era leggermente rovinato, infine, quando ho aperto il pacco, ho trovato l'articolo sbagliato: per errore mi avete spedito la lampada *Mina* (allego una foto della lampada) mentre io avevo ordinato (e pagato!) la lampada *Piuma*. Dato che ci sono stati molti problemi e visto che ho aspettato anche troppo, non desidero la sostituzione della lampada con l'oggetto ordinato, ma chiedo cortesemente il rimborso completo della somma pagata. Spedisco oggi stesso alla Vostra ditta la merce con il formulario che ho già stampato e riempito.

Ringrazio per l'attenzione e rimango in attesa di una Vostra risposta.

Distinti saluti,

Lorenzo Viola

Data dell'ordine: ______________________

Numero dell'ordine: ______________________

Lampada Mina
Colore: antracite
Prezzo: € 95,00

Motivo del reso:

- ☐ L'articolo non mi piace.
- ☐ L'articolo è sbagliato.
- ☐ L'articolo è difettoso.
- ☐ L'imballaggio era rovinato.
- ☐ altro: ______________________

3f Wie sagt man es auf Italienisch? Suchen Sie in Lorenzos E-Mail auf Seite 27 die passenden italienischen Ausdrücke.

1. Um eine formelle E-Mail / einen formellen Brief zu beginnen und zu beenden:

   ____

2. Um die Beschreibung des Problems einzuleiten:

   ____

3. Um eine Aufzählung zu machen:

   ____

4. Um das eigene Anliegen vorzutragen:

   ____

5. Um das eigene Anliegen zu begründen:

   ____

6. Um sich für die Aufmerksamkeit zu bedanken und um zu betonen, dass man auf eine Reaktion wartet:

   ____

3g Sie haben ein vermeintliches Schnäppchen in einem italienischen Online-Shop erstanden. Leider war nicht alles einwandfrei und Sie möchten die Lieferung reklamieren. Schreiben Sie mithilfe der Angaben und der E-Mail von Lorenzo auf Seite 27 die Reklamation.

- Articolo: un paio di scarpe da trekking da donna, marca YZeta, ordine Nr. 493439 → regalo di Natale per mia moglie
- Problemi: 1. pacco arrivato con due settimane di ritardo; 2. hanno lasciato il pacco davanti al portone, in strada; 3. scarpe della misura sbagliata.
- Dato che troppi problemi e troppo tardi → non sostituzione dell'articolo ma rimborso completo → scarpe + formulario oggi stesso alla ditta

Gentili Signore e Signori,

lo scorso 15 dicembre ho ______________________________

____

____

____

____

C Istruzioni per vivere insieme

C1 Tanti mondi, tante culture

1a **Die Journalistin Alice muss zu den unten stehenden Zitaten in ihrer Reportage über die verschiedenen Aspekte des Zusammenlebens noch passende Titel finden. Zu welchen Titeln aus der Liste würden Sie ihr raten? Ergänzen Sie.**

Vita in condominio, una questione di generazioni •
Basterebbe così poco per evitare problemi! •
Nonni e nipoti, come vivere insieme felicemente •
Quante culture ci sono a casa tua? •
La ricetta per il successo? Pazienza e fatica

 A ______________________________

«Ho 45 anni» – racconta Filippo – «e ho scoperto la musica *trap* appena un anno fa, attraverso mio figlio... Prima le differenze culturali tra generazioni erano molto meno forti, la cultura cambiava poco. Mio padre non aveva una cultura tanto lontana dalla mia. Oggi è tutto diverso... voglio dire, già in una stessa famiglia convivono più culture. E qualche volta è difficile».

 B ______________________________

«Ho imparato a vivere in questa famiglia un po' alla volta, con attenzione», racconta Lucio. «Non è stato facile perché i figli di Alison non accettavano me e mia figlia. Si comportavano in modo aggressivo, non ci volevano. Era anche un problema di differenze culturali, noi italiani, loro cresciuti negli Stati Uniti... Poi, con il tempo, ci siamo conosciuti meglio e la situazione è migliorata. Ho dovuto imparare a essere più paziente e comprensivo. Dopo due anni posso dire che abbiamo un buon rapporto, ma...che fatica!!»

 C ______________________________

Secondo l'avvocato Castarri, al primo posto nelle liti di condominio ci sono le «immissioni», cioè quegli odori e quei rumori che arrivano da altri appartamenti e che disturbano i vicini. Un caso tipico sono i forti odori di cucina, spesso dovuti a ingredienti esotici o poco usati nella cucina tradizionale, o il rumore di scarpe che viene dal piano superiore, o, ancora, i rumori di lavori domestici in orari non adatti. Seguono le liti per i parcheggi o per le parti comuni della casa – le piante messe sulle scale o la spazzatura lasciata per ore fuori della porta. In alcuni casi queste liti continuano per anni. «Dispiace», commenta l'avvocato, «perché con un po' più di rispetto si potrebbero evitare problemi e spese».

1b Lesen Sie die Erfahrungen von Filippo, Lucio und dem Anwalt Castarri auf Seite 29 noch einmal. Welche Aussagen dazu sind richtig und welche falsch?

		vero	falso
1.	Filippo parla delle conoscenze culturali che si apprendono a scuola.	☐	☐
2.	Grazie a suo figlio, Filippo ora ascolta un nuovo tipo di musica.	☐	☐
3.	All'inizio Lucio non aveva problemi con la famiglia di Alison.	☐	☐
4.	La figlia di Lucio è cresciuta negli USA.	☐	☐
5.	Secondo l'avvocato Castarri i piatti esotici creano spesso dei problemi in condominio.	☐	☐
6.	Secondo l'avvocato Castarri i condomini litigano per i cassonetti della spazzatura.	☐	☐

1c Mit welchen Schlagwörtern könnte Alice die Beiträge von Seite 29 in der Datenbank der Redaktion verlinken? Ordnen Sie die folgenden Vorschläge zu (Mehrfachangaben sind möglich).

famiglia patchwork • convivere in condominio • convivenza fra culture •

problemi fra vicini • generazioni diverse • passato e presente

A *convivenza fra culture,* ___

B ___

C ___

1d Alice muss selbst gerade eine Herausforderung in ihrem familiären Umfeld meistern. Lesen Sie den Chat mit ihrem Freund Mauro und überlegen Sie, welche der in Übung 1a beschriebenen Situationen derjenigen von Alice ähnelt. Unterstreichen Sie dabei im Chat die Aussagen, die Ihnen helfen, ihr Problem zu verstehen.

Ciao Alice! Com'è andato l'incontro?

Penso bene... A me i ragazzi sono sembrati simpatici, solo molto timidi. Invece mio figlio non ne era entusiasta.

È normale. Pensa alla situazione: conosci per la prima volta i tuoi nuovi «fratelli»... che sono però già adolescenti, parlano un'altra lingua e fanno una vita completamente diversa!

Sì. D'accordo, ma ho paura che nascano dei problemi.

Sta' tranquilla, vedrai che con il tempo cambia tutto.

E poi ho fatto subito una gaffe. ☹

Cioè?

Louis mi aveva detto che i ragazzi non mangiano la carne di manzo e di maiale. E io, cosa ho fatto? Ho preparato un antipasto di salumi!!

Ma avevi qualcos'altro da offrire?

Sì, per fortuna! Ma mi è dispiaciuto moltissimo.

Alice, ma non importa! Non è grave!

Sai, ho paura di sbagliare e di non capire questi ragazzi. Devo ancora abituarmi a loro, alle loro abitudini e al loro stile. E anche a quelle di Louis, se devo essere sincera.

È una questione di tempo, non ti preoccupare!

Sì, lo so. Devo avere pazienza.

1e Lesen Sie den Chat noch einmal. Wie lauten die korrekten Fortsetzungen der folgenden Aussagen?

1. Alice si preoccupa perché ☐ i ragazzi erano timidi. ☐ lei si deve abituare a stili diversi di vita. ☐ lei non conosce le abitudini del partner.
2. Alice ha paura ☐ che il suo partner sbagli. ☐ che i ragazzi non la capiscano. ☐ di non comprendere i bisogni dei ragazzi.
3. Mauro pensa ☐ che la gaffe di Alice non sia un problema. ☐ che Alice abbia molti problemi.

1f Wie hat Alice ihre Befürchtungen ausgedrückt? Wie hat Mauro sie beruhigt und wie hat er die befürchteten Konsequenzen abgeschwächt? Suchen Sie im Chat auf den Seiten 30–31 die passenden italienischen Ausdrücke.

1. Eine Befürchtung äußern: ______________________
2. Jemanden beruhigen: ______________________
3. Die befürchteten Konsequenzen eines Ereignisses / einer Aussage abschwächen:

____

1g Mauro und Alice haben weiter gechattet. Ordnen Sie ihren Nachrichten die passenden fehlenden Ausdrücke zu.

cominciamo a litigare • non importa • di fare un caos e perdere • ~~non mi dia il tempo~~ • ti preoccupare • che il vostro amore finisca • non si trovi bene

Ma che cosa temi?

Prima di tutto ho paura che Louis *non mi dia il tempo* di abituarmi alla nuova situazione e poi che noi due ______________________ per i ragazzi.

Cioè hai paura ______________________ ?

Questo no, ma ovviamente temo che mio figlio ______________________ con Louis e i suoi figli. Insomma, ho paura ______________________ tutto!

Ma dai, non ______________________ !
Piuttosto: ci troviamo domani sera per un aperitivo?

Mauro, scusa, ma in questo periodo proprio non ho tempo! ☹

Beh, ______________________ !
Ci proverò di nuovo... ☺

Wenn das Subjekt in Haupt- und Nebensatz unterschiedlich ist, folgt nach **avere paura che** und **temere che** ein Verb im Konjunktiv:

(Io) ho paura che **(loro)** non mi **trovino**. / **(Loro)** temono che **(io)** non li ami.

Wenn das Subjekt im Haupt- und Nebensatz identisch ist, folgt nach **avere paura** und **temere** die Präposition **di** und ein Verb im Infinitiv:

Ho paura **di dimenticare** l'indirizzo. / Temete **di non trovare** la strada?

1h Alice hat auf einer Ratgeber-Website Tipps von Personen gelesen, die sich in einer ähnlichen Situation wie sie befinden. Sie hat sich dazu ein paar unordentliche Notizen gemacht. Können Sie die Notizen in eine sinnvolle Ordnung bringen?

Soprattutto all'inizio bisogna dedicare

dimenticare il partner!

Si devono

passare più tempo con loro, se possibile.

più tempo alla famiglia.

Si deve

una buona organizzazione.

Anche se si hanno molti impegni, non bisogna

In casa occorre avere

osservare i ragazzi per capire i loro bisogni e interessi.

Si dovrebbe

curare la qualità del tempo passato insieme.

Soprattutto all'inizio bisogna dedicare più tempo alla famiglia.

1i Sie möchten weitere Tipps in die Kommentare der Ratgeber-Website schreiben. Hier sind ein paar Ideen, jetzt geht es noch darum, sie auf Italienisch zu formulieren.

- Die Hausarbeiten müssen unter allen aufgeteilt werden, so ist sofort klar, wer was macht.
- Man soll tolerant und geduldig sein.
- Wenn ein Verhalten nicht in Ordnung ist, muss man nicht schweigen, aber es ist auch nicht nötig zu streiten: man muss es zusammen freundlich, aber entschieden besprechen.

Ciao a tutti, vorrei condividere alcuni consigli che secondo me possono risultare utili. Per cominciare, si devono dividere…

C2 Sono veramente felice che...

2a **Als Teil eines Projekts zur Sensibilisierung rund um das Thema Recycling ist der folgende Bericht auf einer Schulwebsite entstanden. Mehrere Schülerinnen und Schüler haben den Text zusammen verfasst, er muss aber noch in die richtige Reihenfolge (1 bis 5) gebracht werden.**

- ☐ Per finire, una parte del nostro progetto era dedicata al tema «Nuovi usi di vecchi oggetti». È stato molto divertente: con l'aiuto del nostro prof. abbiamo preso delle vecchie bottiglie e costruito delle lampade che funzionavano perfettamente.
- ☐ Abbiamo anche notato che certe volte è veramente difficile capire come riciclare correttamente. Per esempio dove si butta il cartone sporco della pizza? Nel cassonetto della carta o nella spazzatura normale / indifferenziata? Ci siamo informati sul sito del Comune e così abbiamo chiarito i nostri dubbi.
- ☐ Da qualche mese in classe ci occupiamo di un nuovo tema: il problema della spazzatura in città, come ridurla e aiutare a migliorare la vita in città e sulla Terra. La maggior parte di noi è abituata a riciclare la spazzatura già a casa, però ci siamo accorti che in città molti cittadini ancora non riciclano i materiali o gettano nella spazzatura oggetti che si dovrebbero portare ai centri specializzati.
- ☐ Eravamo felicissimi! Adesso ognuno di noi ha sul comodino la «sua» lampada: un ricordo del nostro progetto e dell'importanza di rispettare e proteggere l'ambiente.
- ☐ Eravamo veramente sorpresi: questi comportamenti peggiorano la qualità della vita di tutti e creano danni all'ambiente. Bisogna anche dire che molte volte i cassonetti sono troppo pieni, così la gente alla fine lascia la spazzatura fuori del cassonetto, con il risultato che aumentano ratti e altri animali.

2b **Welche der Fotos hier und auf Seite 35 oben passen zu welchem Punkt des Beitrags in Übung 2a? Ordnen Sie zu, indem Sie die entsprechenden Passagen im Text markieren. Zu einem Punkt gibt es kein Foto!**

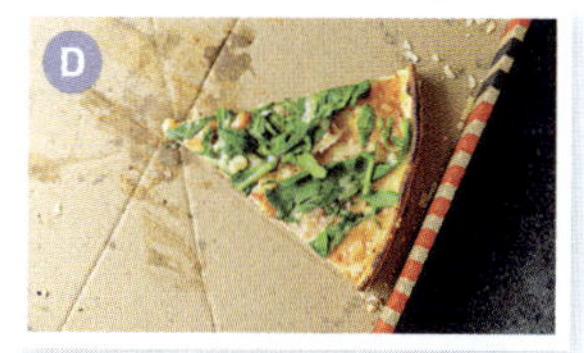

2c Einige Leserinnen und Leser haben den Bericht kommentiert. Wer von ihnen hat den Artikel nur oberflächlich gelesen und greift auf eine falsche Information zurück? Warum?

Leo
Cosa posso dire? Bravi! Sono veramente felice che le scuole si occupino di educare i ragazzi al rispetto dell'ambiente. Quando io ero ragazzo, non si parlava per niente di questi temi.

Marta
I ragazzi hanno scritto proprio un buon articolo. È triste che le strade del centro siano così sporche e poco curate. Che immagine diamo ai turisti? Spero solo che il Comune cominci a fare qualcosa per risolvere il problema!

Giulia
Mi dispiace che si continui a parlare del fascino degli oggetti vintage. Penso che una lampada da comodino fatta con una bottiglia vecchia sia brutta e basta. La scuola non dovrebbe insegnare a riconoscere e ad ammirare il bello?

Tommaso
Mi fa piacere che la scuola si occupi finalmente di problemi attuali. Ho due figli adolescenti e non sono per niente felice che vivano in una città così sporca. Speriamo che la situazione cambi e che le nuove generazioni possano vivere in un ambiente più sano.

2d Wie drücken die Leserinnen und Leser in 2c ihre Gefühle und Hoffnungen aus? Ergänzen Sie die Ausdrücke und danach die Info-Box.

Sentimenti positivi: *Sono veramente felice che…,* ______________________

Sentimenti negativi: ______________________

Speranza: ______________________

Nach Verben und Wendungen, die Gefühle oder Hoffnung ausdrücken, wird im Italienischen ☐ der Indikativ ☐ der Konjunktiv verwendet.

2e In einer Chatgruppe tauschen sich die Schülerinnen und Schüler über ihre Erfahrungen aus. Ergänzen Sie die Verben in Klammern in der richtigen Form.

Marco

Sono contento che adesso noi *ci occupiamo* (occuparsi) di questi temi, sono interessanti!

Alice

Mi dispiace che non tutti ____________________ (rispettare) l'ambiente e gli animali.

Mattia

Io sono felice che nel mio condominio la gente ____________________ (mettere) i rifiuti nei cassonetti giusti. 🙂

Vittoria

Io vedo in giro ancora tanti rifiuti... È triste che nessuno ____________________ (cercare) delle soluzioni efficaci per il problema.

Mattia

Finalmente non ci siamo annoiati. 🙂 Speriamo che anche la prof. di scienze ci ____________________ (dare) un lavoro così!

2f Sie leiten Ihrem italienischen Freund Paolo den Link der Schülerwebsite von Seite 34 weiter und schreiben dazu eine kurze Nachricht, indem Sie den unten stehenden Stichpunkten und den Erkenntnissen aus Übung 2d folgen.

- link di un sito web → trovato per caso
- autori → ragazzi di scuola media; articolo veramente scritto bene
- io felice → ragazzi essere così attivi + nelle scuole discutere di questo problema
- triste → ancora troppo poca gente preoccuparsi dell'ambiente
- (noi) sperare solo → con il tempo la situazione nel mondo migliorare + dappertutto la gente imparare a rispettare e a curare l'ambiente

Ciao Paolo,

ti mando il link di un sito web che

C3 Un quartiere *smart*

3a **Eine Großstadt hat Vor- und Nachteile. In Kapitel C2 ging es um das Problem der städtischen Abfallentsorgung. Welche anderen Probleme gibt es in Großstädten häufig? Lesen Sie die Liste und unterstreichen Sie.**

offerta culturale • inquinamento dell'aria • varie possibilità di lavoro • poche aree verdi • inquinamento acustico • mancanza di alloggi • molte infrastrutture e servizi • pochi parcheggi • affitti di case e appartamenti molto cari • teatri e cinema • traffico intenso con code e rallentamenti • collegamenti ferroviari e aerei • contatti sociali difficili

3b **Lesen Sie jetzt die folgende Ankündigung, die auf der Homepage einer italienischen Großstadt erschienen ist. Welche der Probleme aus Übung 3a werden hier angesprochen?**

La nostra città? È sempre più "intelligente"!

Da anni il nostro obiettivo è migliorare i servizi per cittadini, imprese e istituzioni, anche grazie all'aiuto di soluzioni digitali. Con orgoglio presentiamo il nuovo progetto: un quartiere smart, per garantire attenzione alla salute, sicurezza e qualità di vita ai cittadini.

Dopo i gravi problemi di inquinamento degli anni passati, il nostro primo obiettivo era trovare delle soluzioni per migliorare l'aria e limitare i gravi problemi dovuti al traffico intenso, soprattutto durante il periodo invernale: dal prossimo mese di maggio sarà possibile circolare nell'intera zona solo con tram elettrici, auto / moto elettriche o in bicicletta. Per raggiungere ciò abbiamo costruito un sistema di piste ciclabili che collegano il quartiere al centro città e messo a disposizione dei cittadini un servizio di car sharing con auto elettriche prenotabili attraverso un'app. Per la salute e il benessere dei cittadini abbiamo pensato al nuovo Parco Fiorito, una preziosa area verde facilmente raggiungibile e ideale per tutte le età: qui si trovano 8 aree dedicate allo sport, mentre l'area centrale ospiterà ogni venerdì un mercato a chilometro zero, con frutta e verdura della nostra regione. Tutto il quartiere offre un servizio di Wi-Fi gratuito e un sistema di videocamere che garantiscono sicurezza e tranquillità. Per finire, in Piazza Ottone mettiamo a disposizione dei cittadini il nuovo Palazzo Puccini: dedicato a manifestazioni e incontri culturali, offre la possibilità di affittare sale di diversa grandezza (fino a 400 posti) dotate di tecnologia modernissima a prezzi decisamente interessanti. Per informazioni e prenotazioni contattare qui l'Ufficio Comunicazione Smart.

3c **Lesen Sie die Ankündigung auf Seite 37 noch einmal und vervollständigen Sie die Tabelle mit den Informationen, die Sie dort zu den folgenden Themen finden.**

Mobilità	*solo veicoli elettrici e biciclette,*
Sicurezza	
Salute e tempo libero	
Socialità e cultura	
Wi-Fi	

3d **Lesen Sie den Text auf Seite 37 ein weiteres Mal und suchen Sie darin die Wörter, die den folgenden Ausdrücken entsprechen.**

1. muoversi da un luogo a un altro con un veicolo: *circolare*
2. un sistema di strade protette, solo per le biciclette: ______
3. che si può prenotare: ______
4. che si può raggiungere: ______
5. un mercato con solamente i prodotti della regione: ______

Adjektive auf *-bile*

Einige Adjektive mit der Endung **-bile** drücken eine Möglichkeit aus. Sie lassen sich meist von einem Verb ableiten:

prenot**are** → prenot-**a**-**bile** = che si può prenotare

legg**ere** → legg-**i**-**bile** = che si può leggere

cap**ire** → cap-**i**-**bile** = che si può capire

3e In einem sozialen Netzwerk wird den Bürgerinnen und Bürgern der Stadt die Möglichkeit gegeben, sich über die neuen Entwicklungen auszutauschen. Die ersten Kommentare sind bereits eingegangen. In der Stadtverwaltung beobachtet man das Feedback interessiert. Ergänzen Sie unten die Notizen, die sich der Referent für die Stadtentwicklung gemacht hat.

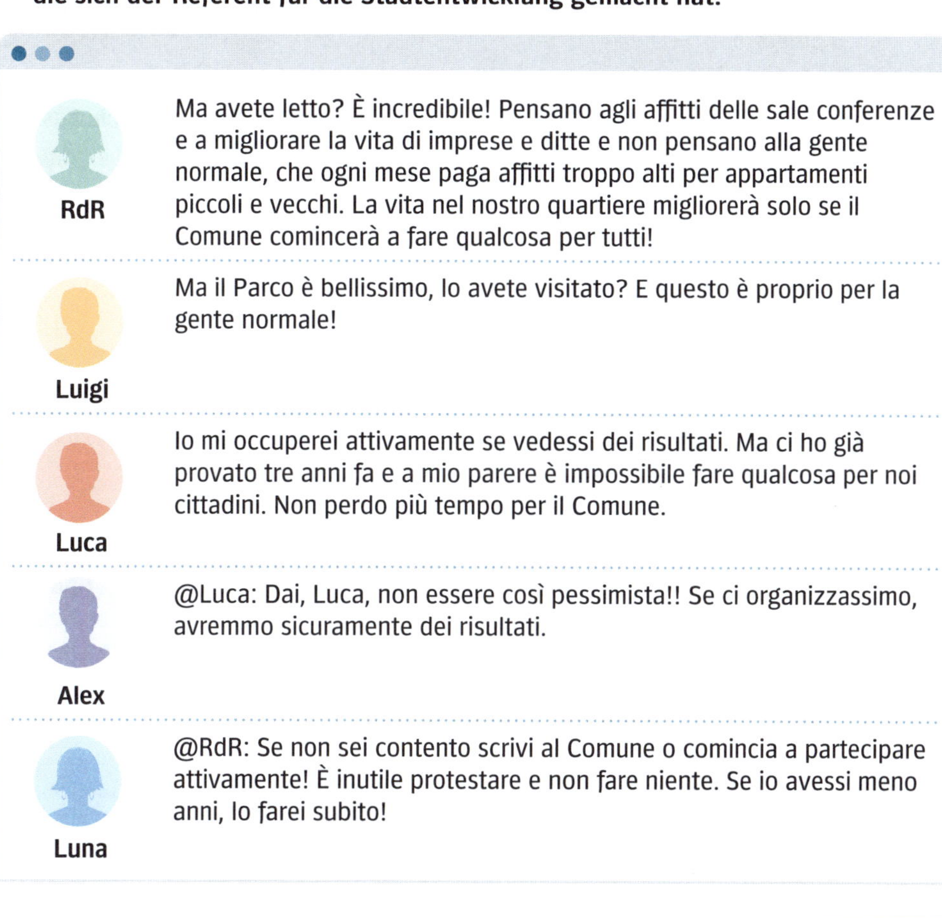

RdR: Ma avete letto? È incredibile! Pensano agli affitti delle sale conferenze e a migliorare la vita di imprese e ditte e non pensano alla gente normale, che ogni mese paga affitti troppo alti per appartamenti piccoli e vecchi. La vita nel nostro quartiere migliorerà solo se il Comune comincerà a fare qualcosa per tutti!

Luigi: Ma il Parco è bellissimo, lo avete visitato? E questo è proprio per la gente normale!

Luca: Io mi occuperei attivamente se vedessi dei risultati. Ma ci ho già provato tre anni fa e a mio parere è impossibile fare qualcosa per noi cittadini. Non perdo più tempo per il Comune.

Alex: @Luca: Dai, Luca, non essere così pessimista!! Se ci organizzassimo, avremmo sicuramente dei risultati.

Luna: @RdR: Se non sei contento scrivi al Comune o comincia a partecipare attivamente! È inutile protestare e non fare niente. Se io avessi meno anni, lo farei subito!

Luigi è contento perché trova il Parco ______________________________

______________ *non vuole più perdere il suo tempo per il Comune perché* ______________

____

Secondo ______________ *se i cittadini si organizzassero,* ______________

______________ *protesta perché il Comune pensa* ______________________,

ma non ______________________________________

______________ *parteciperebbe se* ______________________________

3f Der Stadtrat nimmt die Reaktionen der Bürgerinnen und Bürger ernst und denkt an mögliche Ursachen und Lösungen. Was passt zusammen? Verbinden Sie.

1. Se avessimo più soldi per il progetto,
2. Se il Comune informasse di più
3. Se capissimo quanti appartamenti liberi
4. Se si facesse una breve inchiesta
5. Se studiassimo qualche situazione

a. ha il Comune, ne potremmo offrire alcuni a prezzo più basso.
b. fra i cittadini, forse troveremmo prima una soluzione.
c. forse potremmo fare proposte concrete.
d. simile, avremmo meno problemi.
e. i cittadini, ci sarebbero meno problemi.

Der potenzielle Bedingungssatz
Se avessi molti soldi, **farei** il giro del mondo.
Bedingung: **se + congiuntivo imperfetto** / Folge: **condizionale presente**
Dass die Bedingung erfüllt wird, ist möglich, aber eher unwahrscheinlich.

3g Der Stadtrat hat beschlossen, mehr Präsenz bei den Bürgerinnen und Bürgern zu zeigen, und hat eine Angestellte beauftragt, einen freundlichen Text für die nächste Veranstaltung zu verfassen. Die Angestellte hat sich von einem auf Deutsch verfassten Beitrag einer Stadt in der Schweiz inspirieren lassen. Einen Teil hat sie schon übersetzt und angepasst. Helfen Sie ihr, den Text auf Seite 41 für die Ankündigung auf der Website zu Ende zu schreiben.

Wir haben viele Wünsche. Wenn wir könnten, würden wir alle Bewohner unseres Stadtviertels einladen, *per presentare novità come la pista ciclabile, la nuova viabilità e il ricco programma culturale di Palazzo Puccini ...*

Se ne avessimo l'occasione, würden wir persönlich mit Ihnen allen sprechen, um Ihre Bedürfnisse zu verstehen und Ihre Anregungen zu hören. Wenn möglich, möchten wir all Ihre Träume verwirklichen!

Deswegen haben wir ein Fest geplant: *sabato 14 aprile invitiamo* alle Bewohner des Stadtviertels zur *Festa di Parco Fiorito* ein. Eine Gelegenheit, um zusammen die Parkeröffnung zu feiern, um die Neuheiten unseres Stadtviertels besser kennenzulernen und die zukünftige Entwicklung gemeinsam zu besprechen.

Vi aspettiamo! Per ulteriori informazioni potete cliccare qui.

Noi abbiamo tanti desideri

per presentare novità come la pista ciclabile, la nuova viabilità e il ricco programma culturale di Palazzo Puccini …

sabato 14 aprile invitiamo

Festa di Parco Fiorito,

Vi aspettiamo! Per ulteriori informazioni potete cliccare qui.

D M'informo, leggo, guardo...

D1 Sono vere o no?

1a Gabi lernt Italienisch. Auf einer Website hat sie einen Artikel gesehen und zuerst einige unklare Begriffe in einem Online-Wörterbuch gesucht. Welche Erklärungen hat sie gefunden? Ordnen Sie sie zu.

Fonte

Pubblicare

Condividere

Notizia virale

Sito

Verificare

a. Posto virtuale nella rete, in cui si entra con un indirizzo internet.
b. Controllare se un fatto o una notizia sono veri.
c. Il testo da cui proviene un'informazione.
d. Comunicare un'informazione ufficialmente, attraverso i giornali, i libri o l'Internet.
e. Mettere in comune.
f. Un'informazione che, come un virus, circola velocissima su Internet.

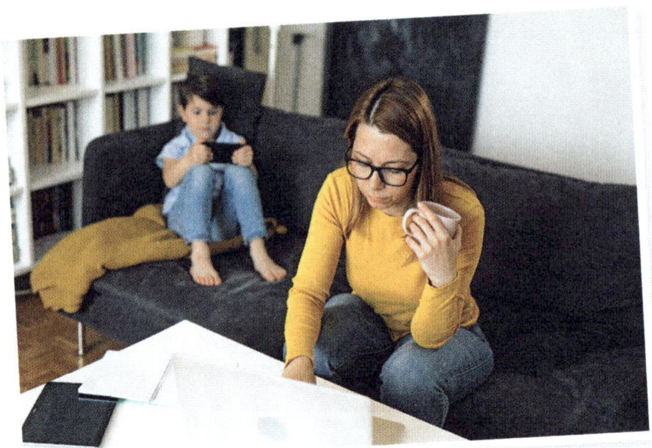

1b Hier ist der Artikel, den Gabi lesen will. Auf welcher Website ist sie? Wählen Sie aus.

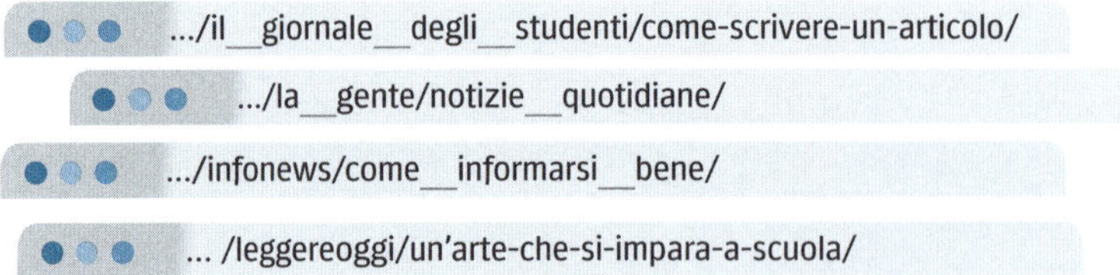

Ma le notizie che ogni giorno leggiamo in rete o sui giornali sono vere o no? Nel mondo di Internet le informazioni si diffondono velocemente… qualche volta anche troppo e quella che all'inizio era una notizia vera, diventa con una serie di cambi e con il tempo, una «bufala», cioè una notizia falsa. Come fare per riconoscerle? Ecco qui una veloce guida per aiutarti a riconoscere il vero dal falso.

Per prima cosa, verifica le fonti. Un'informazione poco precisa e molto generale non è sempre affidabile. Se nell'articolo si parla di esperti e dei loro studi, cercali nei diversi siti ufficiali: non trovi nessuna notizia? È meglio essere prudenti! Qualche volta la fonte risulta essere solo l'opinione personale di una persona, che non si è basata su dati certi, però la pubblica in rete come se fosse un dato sicuro.

I titoli A LETTERE MAIUSCOLE o con tanti punti esclamativi!!!! sono usati per creare emozioni forti ed attirare l'attenzione dei lettori; purtroppo il testo che segue non si basa sempre su fatti oggettivi e controllabili. Quando hai un articolo, non fermarti al titolo, ma leggilo tutto con attenzione.

Errori vari: spesso le bufale sono scritte male, con errori di grammatica e di ortografia. È difficile che questo succeda su un sito ufficiale, in cui le notizie vengono controllate più volte prima di pubblicarle. A proposito: anche le e-mail pericolose possono avere molti errori! Se ne ricevi una, cancellala subito.

Fa' anche attenzione al nome del sito: un classico è scegliere un nome *quasi* uguale a quello di un sito o anche di un canale reale, solo che questa volta il nome ha una lettera in più o in meno. Il problema? Anche se il nome sembra quasi lo stesso, questo sito o canale non esiste!

E per finire: su un sito o su una rete sociale ti chiedono di condividere subito un'informazione, perché rischia di sparire dall'Internet o qualcuno la vuole cancellare? Fa' attenzione e controlla la fonte! È un classico trucco per trasformare l'informazione in una notizia virale.

1c Um sich den Inhalt besser zu merken, möchte sich Gabi Notizen zu dem Artikel machen. Was könnte sie schreiben?

Bufala → *Una bufala è*

Nome del sito → *Il sito può avere*

Gli «esperti» e i loro studi → ____________________

Errori e notizie in rete → ____________________

Condividere una notizia → *Se qualcuno chiede di*

1d Gabi hat danach die im Artikel vorgekommenen Wörter, die mit dem Thema *Internet* zu tun haben, nach Stichwörtern geordnet, um sie sich besser einzuprägen. Welche hat sie gefunden? Vervollständigen Sie die Liste.

Azioni in Internet: *verificare,* ______________________

____

Elementi dell'Internet: *la rete,* ______________________

____

1e Haben Sie den Artikel so aufmerksam wie Gabi gelesen? Dann suchen Sie für den Informationsteil links den passenden Teil rechts.

1. Se nel testo si parla degli studi di alcuni «esperti»,
2. Quando un articolo ti sembra interessante,
3. Anche le e-mail pericolose possono avere molti errori! Se ne ricevi una,
4. Se ti chiedono di condividere una notizia, fa' attenzione e

a. sii pronto a cancellarla subito.
b. fallo solo se ne sei sicuro.
c. verificali attraverso una ricerca su altri siti ufficiali.
d. non fermarti solo al titolo, ma leggilo fino alla fine.

1f Gerade hat Gabi eine dubiose E-Mail erhalten, die viele unterschiedliche Fehler enthält. Sie hat schon einen gefunden. Helfen Sie ihr, die anderen zu finden und schlagen Sie jeweils die Korrektur vor.

Gentili Signora,

Le dobbiamo informare che purtroppo abbiamo trovati qualche problemi nel Tuo conto. Per evitare problemi ancora più grave, è necessario che Lei si mette in contatto con noi. Fallo subito, perché e veramente urgente.

Se non è possibile, allora clicca qui : troverà le istruzione per mettersi in contatto con la sede principale del nostro banco.

Tanti saluti
Arnoldo Frani
BancaPerTe

____

____

1g **Im Netz gibt es eine rege Diskussion über die Sicherheit im Internet. In einem sozialen Netzwerk hat Emilio eine Frage gestellt. Wer hat ihm konkrete Tipps für sein Problem gegeben? Wer erzählt nur von seinen Erfahrungen? Und wer ist der Administrator dieser Seite?**

Emilio

Ma certe volte veramente è difficile capire se l'e-mail è affidabile o no. Ne ho ricevuto ieri una (falsa) che sembrava vera...
Era della banca, dovevo aprire un link. Ma se per sbaglio ne apro uno, cosa succede?

Lupo

Emilio, non ne apra mai uno così, senza essere sicuro: si possono veramente avere grandi problemi! Osservi bene tutti i dettagli dell'e-mail, legga il testo più volte e soprattutto non lo faccia quando è distratto o stanco.

Angela

Se per esempio ti arriva un'e-mail poco chiara dalla banca, telefona subito al direttore o a un impiegato e chiedigli informazioni. È la cosa più sicura.

Davide

È successo anche a me e poi ho dovuto aspettare per giorni perché il computer era bloccato. Adesso apro un link solo se ne sono sicuro al 100 per cento!

Imperativ + Pronomen (Zusammenfassung)

In der du-Form und in der ihr-Form wird das Pronomen an den Imperativ angehängt:

Ecco l'articolo. Leggi**lo** tutto!

Ecco l'articolo. Leggete**lo** tutto!

In der Sie-Form steht das Pronomen **vor** dem Imperativ:

Ecco l'articolo. **Lo** legga tutto!

Leone

Emilio, vuoi che spariscano tutti i tuoi problemi? Dimentica il computer, anzi, sai cosa? Buttalo, è meglio. Torniamo tutti a una vita più naturale!

Riccardo

Vi chiediamo gentilmente di partecipare solo con commenti adatti al nostro tema.

Bianca

L'e-mail più pericolosa è quella che sembra vera. Per prima cosa la controlli bene: per esempio, l'indirizzo è quello solito o è cambiato, anche di poco? Ci sono errori di qualche tipo? ecc.

 4

7 commenti

1h Lesen Sie noch einmal die Beiträge oben: Wer duzt Emilio und wer siezt ihn? Unterstreichen Sie im Chat oben die Wörter, die Ihnen geholfen haben, das herauszufinden.

Gli danno del tu: ______________________________

Gli danno del Lei: ______________________________

1i Schreiben Sie auch einen Tipp! Folgen Sie dem Schema, das Sie sich gemacht haben. Formulieren Sie den Kommentar informell.

- Nie den Fehler machen, eine E-Mail zu lesen, wenn man abgelenkt ist; lies sie lieber später und kontrollier sie aufmerksam.
- Beachte genau die Details, lies sie in Ruhe.
- Hast du kein Antiviren-Programm? Kauf es sofort!
- Hast du Freunde, die sich mit Computern auskennen? Ruf sie an und bitte sie um Hilfe.

D2 Quanti libri leggi?

2a In einer italienischen Buchhandlung haben Sie einen Flyer gefunden: Sie möchten einem Freund erzählen, worum es geht. Schreiben Sie eine kurze Zusammenfassung mithilfe der Stichwörter im Kasten.

Libreria *Le parole*

Partecipa al nostro sondaggio e vinci un buono da 50 euro!
Abbiamo voluto fare il massimo per offrirti il migliore servizio del mondo: da quest'anno siamo aperti no stop tutta la settimana tranne la domenica dalle 9:00 alle 20:00; e al secondo piano trovi ora una caffetteria aperta dalle 9.00 alle 19.00 e tante altre possibilità per goderti una pausa tranquilla. Ma siamo ambiziosi e vorremmo fare della tua visita il momento più sereno della giornata! Per questo ti proponiamo un sondaggio: vorremmo sapere direttamente da te che cosa desideri ancora trovare nei nostri locali. Ti chiediamo perciò di dedicare un paio di minuti alle domande che troverai sul nostro questionario: ci aiuterà a conoscerti meglio, a capire quali sono i tuoi gusti e le tue abitudini. Rispondi alle domande e poi leggi il profilo che corrisponde alle tue risposte: forse sorprenderà anche te! Al questionario è associato anche un gioco: se vuoi partecipare, non dimenticare di fornire i tuoi dati personali alla fine dell'ultima pagina: il 30 del corrente mese cinque clienti fortunati fra quelli che hanno partecipato al questionario vinceranno un buono pari a un valore di € 50. Contatteremo personalmente i vincitori. Grazie per la Tua partecipazione e... buona fortuna!

Una libreria ha deciso di proporre...

perché...

I clienti dovranno... Chi risponderà potrà...

La libreria offre anche altri servizi:

2b Lesen Sie diese Aussagen, vergleichen Sie sie mit dem Flyer oben und entscheiden Sie, welche richtig (vero) und welche falsch (falso) sind.

	vero	falso
1. La libreria ha lavorato molto per migliorare il servizio.	☐	☐
2. La libreria ha dei progetti per migliorare la sua offerta.	☐	☐
3. Per partecipare al gioco finale basta rispondere alle domande del questionario.	☐	☐
4. Entro la fine del mese si conosceranno i vincitori.	☐	☐
5. Per sapere se si è vinto, bisogna contattare la libreria.	☐	☐

2c Ihr Freund Franco hat an der Umfrage teilgenommen. Lesen Sie die Antworten und entscheiden Sie, welches Profil besser zu ihm passt und warum.

Età: ______________ anni

Con quale frequenza vieni da noi?

☐ Regolarmente ogni settimana.
☐ Due – tre volte al mese.
☒ Più di due – tre volte al mese.
☐ Solo quando cerco qualcosa di specifico o devo fare un regalo.

Quanti libri leggi all'anno?

☐ Da 1 a 4
☐ Da 4 a 8
☒ Più di 10

Quando leggi di solito?

☒ Sempre quando posso e ho un momento di tempo.
☐ La sera, prima di addormentarmi.
☐ Durante il fine settimana.
☐ Leggo poco, di solito solo in vacanza.

Preferisci il libro cartaceo o l'e-book?

☒ Preferisco il libro cartaceo, non leggo e-book.
☐ Leggo tutti e due.
☐ Preferisco l'e-book perché è più pratico e meno costoso.

Come scegli un libro (puoi segnare più risposte)?

☒ Mi aiuto con una recensione e/o con la lista dei libri più venduti.
☐ Chiedo aiuto al personale della libreria.
☐ Mi fido del «passaparola» e seguo i consigli degli amici e dei familiari.
☐ Scelgo con l'aiuto della copertina e del titolo.
☒ Leggo la trama del libro e decido.
☒ Sfoglio il libro, leggo un po' qui e lì, poi decido.

Che genere di libri preferisci?

- ☐ classici
- ☒ romanzi gialli
- ☐ romanzi rosa
- ☐ avventura
- ☒ romanzi storici
- ☒ saggi
- ☐ fumetti / graphic novel
- ☐ altro: ____________________

Se volessimo allargare la nostra offerta, quale reparto ti interesserebbe di più?

- ☐ Romanzi e saggi in lingue straniere
- ☐ Libri d'arte, di fotografia e di cinema
- ☐ Sport
- ☒ Guide e letteratura di viaggio
- ☐ Storia e biografie
- ☐ Letteratura specialistica

Che cosa ti piacerebbe ancora trovare nei nostri locali?

- ☐ Un servizio di baby-sitting per i più piccoli.
- ☐ Iniziative per avvicinare bambini e ragazzi alla lettura.
- ☐ Corsi dedicati alla letteratura e all'arte.
- ☒ Corsi di scrittura creativa.

Superlativo relativo

Bestimmter Artikel + Substantiv + **più / meno** + Adjektiv

oder

Bestimmter Artikel + **più / meno** + Adjektiv + Substantiv

Danach folgt die Präposition **di**.

il momento più sereno della giornata / **il più sereno momento della** giornata

Profilo A Sono lettori/lettrici a cui piace leggere, anche se hanno una vita piena e frenetica e non sempre trovano facilmente il tempo da dedicare a un libro. Qualche volta non sono sicuri/e sulla scelta da fare, perché gli manca il tempo per informarsi e seguire le novità. La soluzione migliore in questi casi? Domandare al personale della libreria: sono le persone più adatte a cui rivolgersi, perché sono aggiornate e preparate.

Profilo B Sono lettori/lettrici appassionati/e e fedeli, interessati/e a temi anche molto diversi: un buon libro è veramente il loro migliore amico. Sono esperti/e e nella maggior parte delle situazioni non hanno bisogno dei consigli di nessuno: seguono le novità sui giornali, sono curiosi/e e aperti/e a nuove esperienze, sanno riconoscere cosa li/le potrebbe interessare.

Profilo C Il libro per questo tipo di lettori/lettrici è una delle tante fonti di informazione che hanno a disposizione, anche se non è quella che preferiscono. Però ogni tanto un libro cattura la loro attenzione e allora sono capaci di passare molte ore immersi/e nella lettura. Un consiglio per loro: dovrebbero provare a sfogliare anche libri che all'inizio sembrano meno interessanti, perché qualche volta riservano delle piacevoli sorprese!

2d **Welche Daten hat die Buchhandlung durch den Fragebogen gesammelt? Vergleichen Sie ihn mit der Liste unten und unterstreichen Sie die gesammelten Informationen.**

frequenza delle visite alla libreria • osservazioni e critiche • orari preferiti • attività preferite per il tempo libero • abitudini di lettura • criteri nello scegliere un libro • acquisti online • generi preferiti dai lettori • spesa media annuale prevista • altri servizi desiderati

2e **Diese Aussagen stammen von dem Flyer, dem Fragebogen oben und den Werbekampagnen der Buchhandlung. Lesen Sie die Aussagen 1–8 und ergänzen Sie mit den fehlenden Wörtern aus der Liste.**

originali • più (3x) • dell' • peggiore • migliore • meno • del • la • i • il (2x) • le

Abbiamo voluto fare il massimo per migliorare i nostri locali e offrirti **il migliore servizio del mondo**.

Vorremmo fare della tua visita **il momento più sereno della giornata**!

Domanda al personale della libreria: sono **le persone più adatte** a cui rivolgersi in questi casi!

1. La nostra classifica: i libri ______________ venduti della settimana.
2. Non potrete smettere di leggerlo: ecco il libro ______________ noioso del mese!
3. La settimana più pazza ______________ anno!
   Tutti i libri in offerta con il 15 % di sconto!
4. ______________ romanzi più ______________ (secondo i nostri lettori).
5. ______________ difetto ______________ di sempre? Non leggere 😊!
6. Scopri ______________ novità ______________ interessanti del mese.
7. Ecco cosa dicono i nostri lettori: siamo ______________ libreria ______________ accogliente ______________ quartiere!
8. ______________ posto ______________ dove rilassarsi? Da noi!

Unregelmäßiger Komparativ
buono → (più buono) → migliore
cattivo → (più cattivo) → peggiore
piccolo → (più piccolo) → minore
grande → (più grande) → maggiore

2f Eine Angestellte der Buchhandlung hat aufgrund der Antworten auf den Fragebögen eine Zusammenfassung der Kundengewohnheiten geschrieben. Rekonstruieren Sie sie, indem Sie für die Lücken jeweils den passenden Textabschnitt rechts suchen.

È leggermente cresciuto il numero dei nostri lettori (soprattutto donne e giovani) che leggono

1.

supera il 15,2%.
L'e-book ancora non è molto diffuso: anche se quasi la metà dei libri stampati oggigiorno è disponibile in rete

2.

libri più letti restano i romanzi gialli e i saggi. Si nota un interesse crescente per i libri di fumetti e graphic novel. I libri meno

3.

minore si interessa alla letteratura, alla fotografia e al cinema. Alla domanda su che cosa

4.

20% desidererebbe invece delle iniziative per avvicinare alla lettura bimbi e ragazzi.

☐ in formato e-book, solo l'11% dei nostri lettori ricorre al libro digitale. Gli utenti dell'e-book sono soprattutto i giovani fra i 20 e i 25 anni. Nella nostra libreria i generi di

☐ cercati sembrano essere i romanzi rosa. La maggior parte dei clienti desidererebbe trovare più libri dedicati al viaggio. Una parte

☐ vorrebbero ancora trovare nei nostri locali, il 55% dei clienti ha scelto i corsi di scrittura creativa; il

☐ almeno tre libri all'anno, mentre la percentuale dei lettori forti, cioè delle persone che leggono più di 10 libri all'anno, non è cambiata molto e non

2g Lesen Sie noch einmal die Antworten, die Franco im Fragebogen angekreuzt hat und beschreiben Sie seine Gewohnheiten. Sie können die Ausdrücke unten verwenden.

Franco è decisamente un lettore forte / debole..., perché...

Ha / Non ha posti o momenti preferiti, legge quando...

Ama / Non ama gli e-book...

Per scegliere i libri si aiuta...

Per lui i libri più...

Gli piacerebbe trovare più...

Sarebbe felice se la libreria...

D3 Ho letto un'ottima recensione

3a Sie sind Gast bei Marino, einem gemeinsamen Freund von Franco und Ihnen. Er hat die Zeitung schon weggeworfen, aber eine zerfetzte Rezension im Papierkorb interessiert Sie. Ordnen Sie die Rezensionsteile den Inhaltspunkten zu. Zu welcher Bücherabteilung könnte dieses Buch passen? Wählen Sie aus.

Einführung: ___________

Zusammenfassung des Inhalts: 1. ___________; **2.** ___________

Schluss: ________

- [ ] **Romanzi**
- [ ] **Sport invernali**
- [ ] **Viaggi e avventura**
- [ ] **Fantasy**
- [ ] **Storia e biografie**
- [ ] **Scienze ed ecologia**

A. Una vita al superlativo, una vita vissuta senza sconti... è il regalo perfetto non solo per gli appassionati di calcio, ma anche per chi ama leggere biografie che sembrano romanzi.

B. Da qualche giorno è in vetrina un nuovo libro su Diego Armando Maradona, il più grande calciatore di tutti i tempi. Non si tratta della «solita» biografia: questa volta l'autore ha ricostruito con la pazienza e la passione di uno storico la vita del calciatore: ha controllato giornali e fonti dell'epoca, raccolto testimonianze, intervistato persone. Il risultato? Un libro che si legge senza pause, come un'avventura.

C. Alla fine ne esce il ritratto di un giocatore e soprattutto di una persona brillante e complessa, di cui il libro ci mostra non solo i più grandi successi, ma anche i momenti più difficili e tristi.

D. Già dalle prime pagine, infatti, la storia risulta avvincente: segue le vicende del maggiore giocatore di tutti i tempi dai suoi inizi, sui campi di calcio argentini, quinto di otto figli, alla carriera brillantissima prima in patria e poi in Europa, fino al ritorno in Argentina, dove l'ex calciatore muore nel novembre del 2020.

3b Lesen Sie die Rezension noch einmal und unterstreichen Sie die Wörter, die Ihnen geholfen haben, die Textsequenz zu rekonstruieren.

D

3c Eine von den zwei Aussagen passt jeweils nicht. Mithilfe der Rezension streichen Sie die falsche Aussage durch.

L'autore è uno storico. / L'autore lavora con i metodi di uno storico.

È un libro appassionante come un libro di avventure. / È un libro pieno di avventure.

Il libro descrive il giocatore e ancora di più l'uomo Maradona. / Nel libro si parla di un ritratto di Maradona.

È un regalo perfetto per gli amanti del calcio e dei romanzi. / È un regalo perfetto per gli amanti del calcio e delle vite non comuni.

3d Heute früh hat Ihnen Marino diesen Zettel auf dem Frühstückstisch hinterlassen. Es geht um das Geschenk für Franco. Da Sie den ganzen Tag unterwegs sein werden, fassen Sie schriftlich Ihre Antwort für Marino mithilfe der Stichpunkte zusammen.

Ciao! Senti, ho un'idea per il regalo che vogliamo fare a Franco: ho letto un'ottima recensione su una biografia di Maradona, secondo me se gliela regalassimo, ne sarebbe felice! Poi aggiungiamo un paio di bottiglie di vino e … fatto il regalo! Sei d'accordo? Chiedo subito anche agli altri amici del gruppo cosa ne pensano. Passo per casa a pranzo, quindi scrivimi due righe con la tua opinione. Se tutti sono d'accordo, potrei comprare il libro direttamente questo pomeriggio, dato che sarò in centro. A stasera!

- Ihrer Meinung nach Buch → sehr gute Idee: Franco der glücklichste Mensch der Welt, wenn er ein Buch in der Hand hat.
- Aber leider Buch → nicht so geeignet (Franco: → er mag weder Sport noch Biografien).
- Aber: Vor ein paar Tagen zusammen mit ihm → an einer Umfrage der Buchhandlung teilgenommen → vielleicht jetzt eine genauere Vorstellung, was ihm gefallen könnte. Heute Abend → zusammen darüber sprechen. Und wenn Marino morgen von der Arbeit ein wenig früher zurückkommen würde → zusammen in der Buchhandlung und Geschenk suchen, das wäre das Beste!

Ciao Marino! Penso che il libro …

3e Während Sie noch über das Geschenk für Franco nachdenken, finden Sie eine interessante Rezension in einer deutschen Zeitschrift. Sie schreiben für alle Freunde eine E-Mail mit der Zusammenfassung des Themas. Sie haben in der Rezension farbig markiert, was Sie Ihren italienischen Freunden unbedingt erzählen möchten.

„Cibo per strada“ (Essen unterwegs) ist ein neues Buch, geschrieben für jene Leser*innen, die Reisen und gute Küche mit gleicher Leidenschaft lieben. Der Autor erzählt die Geschichten und Erfahrungen seiner spannenden Reise durch Italien auf der Suche nach traditionellen Gerichten. Den ganzen Sommer hat Herr Hennz die bekanntesten Restaurants gemieden und dagegen mit Geduld und Leidenschaft alte „osterie“ gesucht, „cibo di strada“ probiert, Zutaten und Rezepte entdeckt, die kaum jemand kennt ... Er hat mit vielen interessanten Leuten gesprochen, die ihm auf dieser faszinierenden Reise durch den „Stiefel“ geholfen haben. Das Ergebnis? Ein sehr interessantes Buch über Küche und Kultur, Leute und Reisen, Neuem und Tradition, das sofort die Lust weckt, sich auf eine ähnliche Reise zu begeben.

Ciao ragazzi,

vi scrivo perché ancora non sappiamo che libro regalare a Franco. Ho visto per caso una recensione interessante, ma è in tedesco. Vi riassumo qui la parte centrale. Il libro è uscito in Italia l'altr'anno ed è appena stato tradotto. Secondo voi sarebbe adatto? Ovviamente glielo regaliamo in italiano 🙂!!

L'autore racconta le vicende e...

3f Lesen Sie die Antworten der Freunde, die sich am Geschenk beteiligen wollen. Wer ist mit Ihrem Vorschlag einverstanden und wer nicht? Warum?

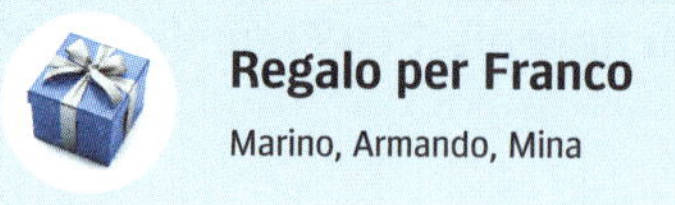

Marino
Ciao, grazie per la traduzione, l'ho appena letta. Credo che per me potrebbe essere una lettura avvincente... Ma per Franco? Lui preferirebbe più il cibo che un libro sul cibo! 😊

Armando
Senti, hai fatto una bellissima traduzione, grazie! Ma io penso che non sia il genere di Franco, perché lui ama la letteratura di viaggio, ma la gastronomia proprio non gli interessa.

Mina
Ciao, grazie! Trovo che il libro sia interessante e so che lui segue regolarmente una trasmissione di cucina in TV. Potremmo regalargli il libro e ancora qualcos'altro. Che ne direste di un buono-regalo in un ristorante, per esempio «Da Oreste»? Franco va matto per questo ristorante. Oppure gli potremmo regalare un bel cesto pieno di specialità.

1. Marino è / non è d'accordo perché...
2. Armando è / non è d'accordo perché pensa che Franco...
3. Mina è / non è d'accordo, ma...

3g Posten Sie eine Nachricht in der Gruppe anhand der folgenden Angaben.

Mina hat recht → oft gesehen, wie Franco in Büchern / Gastronomiezeitschriften blättert; vorgestern → den ganzen Abend vor dem TV, Kochwettbewerb angeschaut ...

Vorschlag → als Geschenk Buch + Einladung für ihn + Frau → Abendessen alle zusammen „Bei Oreste“

Als Alternative noch eine Idee: neuen Roman – Sie wissen → gestern hat Franco Rezension + Kommentare auf einer Seite online gelesen → davon begeistert → Dieses Buch + Übergabe während des Abendessens?

D4 Il libro è diventato un film di successo

4a Hier ist endlich das Geschenk für Franco! Seine Freunde wollen ihn doch mit etwas ganz anderem überraschen: einem neuen Roman, der gerade verfilmt wurde. Schaffen Sie es, mithilfe der Handlung auf der Buchrückseite die Fotogramme zu ordnen?

«Seduta al bar, stavo guardando annoiata un ragazzo, che passava veloce in bicicletta, quando improvvisamente lo vidi: più anziano della gente seduta con me al bar, ma più vivo di tutti noi, quell'uomo era senza dubbio Marcello. Fu un attimo, lo riconobbi subito, anche se non lo vedevo da vent'anni. Era invecchiato, naturalmente, ma non aveva perso la sua caratteristica voglia di vivere. O almeno così mi sembrò: l'aria più divertita che attenta, le cuffie in testa, cercava qualcosa nel cellulare e sembrava non avere bisogno di nessuno. Mi sembrò felice, lui che da giovane era sempre stato critico con tutti. Lo guardai ancora, perplessa se salutarlo o no. La ragazza che ero stata non esisteva più: durante gli anni avevo preso mille strade, mi ero persa in mille città, avevo dimenticato i miei sogni e i miei desideri... *Se mi vedesse ora, Marcello lo capirebbe subito. E capirebbe anche che non so ritornare indietro,* pensai. Ebbi quasi paura, decisi di aspettare».
Così inizia la storia di Arianna. Potrebbe essere la storia di ognuno di noi – la storia di una persona che conduce una vita normale e un giorno scopre che un fatto minimo e imprevedibile può cambiare tutto. Per Arianna sarà l'incontro casuale con Marcello, un amico che non vede da vent'anni e che l'aiuterà a cambiare per sempre la sua vita. Lei, che si era persa per troppe strade, proverà allora a ritrovare i sogni di quando era ragazza, anche con una partenza improvvisa, per un paese completamente nuovo.
Tradotto in più di 10 paesi, il libro è diventato un film di successo.

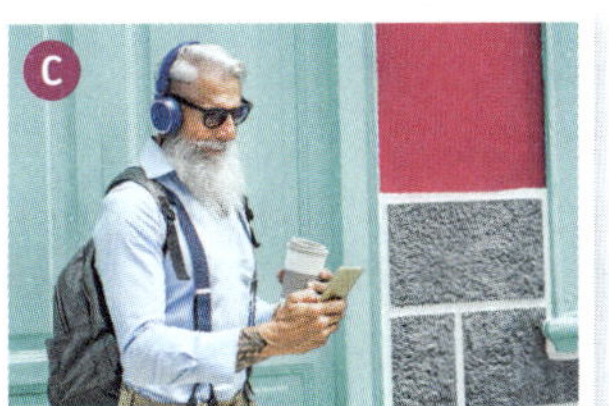

Sequenza corretta dei fotogrammi: ______________

4b Lesen Sie nochmals die Rückseite des Romans. Welche Aussagen stimmen nicht?

	vero	falso
1. Secondo Arianna, anche se Marcello è più vecchio, è più vivace delle altre persone.	☐	☐
2. Marcello le sembra sereno e autonomo.	☐	☐
3. La protagonista ha fatto mille viaggi in città diverse.	☐	☐
4. La donna ha perso la strada in una città e non sa come ritornare.	☐	☐
5. Arianna partirà per un paese che non conosce.	☐	☐
6. Il libro ha avuto molto successo.	☐	☐

4c Hier ist ein Ausschnitt aus dem Filmskript. Rekonstruieren Sie die Beschreibung mithilfe des Texts auf Seite 57. Passen Sie auf die Zeit der Handlung im Skript auf!

Esterno / giorno – Una strada larga in città, senza traffico. A sinistra un parco; a destra un bar, gente seduta all'aperto.

Scena 1: In mezzo alla strada un ragazzo su una bicicletta _passa_ veloce davanti alla gente seduta al bar. Zoom sulla protagonista: sembra più triste delle persone intorno, beve il caffè, poi improvvisamente ______________ qualcosa... Cambio prospettiva / altro zoom: un uomo anziano, vivace, con cuffie in testa e zaino, ______________ qualcosa nel cellulare: ______________ felice e sereno. ______È______ un attimo, lei ______________ subito l'uomo. Lo ______________ ancora con aria indecisa, non sa cosa fare, è nervosa... ______________ paura e ______________ di aspettare.

> **Das Vergleichselement beim Komparativ**
>
> Komparativ **+ di + Substantiv / Pronomen**
>
> ***più vivo* di** tutti ***loro*** e forse anche **di *me***
>
> ***più anziano* della *gente*** seduta al bar
>
> Komparativ **+ che + Adjektiv / Verb**
>
> L'aria ***più divertita* che *attenta***.

4d Film oder Buch? Lesen Sie den Austausch auf einer Online-Amateurseite. Was charakterisiert nach Robertos und Paolas Meinung das Buch, was den Film? Wie bewerten Sie sie? Notieren Sie unten die Stichwörter dazu.

Amici della Cultura

Alberto Fonda

Ho letto il libro ma non ho ancora visto il film... Mi interesserebbe conoscere la vostra opinione: il film è bello come il libro? O è una delusione? Chi mi sa dire qualcosa?

Roberto Giacca

Secondo me è molto meglio il film! Ho letto il libro ed era noiosissimo, un vero mattone ☹! Invece il film ha un ritmo dinamico, una fotografia fantastica e gli attori, soprattutto l'attrice, sono veramente molto bravi, direi eccezionali. Interpretano benissimo i due protagonisti. La regia di Gianna Turrigini è ottima. Invece trovo che il libro abbia un ritmo molto lento, che le descrizioni di paesaggi e personaggi siano troppo complesse, i dialoghi troppo lunghi... Nel film è tutto più dinamico, veloce. Forse è anche grazie alla colonna sonora, che è veramente originale. Purtroppo mi sono dimenticato il nome dell'autore delle musiche.

Paola Anisi

Ma come puoi definire il libro «un mattone»? È un capolavoro! La trama è avvincente, le descrizioni dei personaggi affascinanti, i dialoghi efficaci e mai banali. E il ritmo lento, che segue i pensieri e i dubbi di Arianna, è perfetto per la storia. Per questo anche i dialoghi ti sembrano lunghi. Ma dialoghi brevi e veloci in questa storia non sarebbero assolutamente adatti. Invece il film è una pizza: banale, noioso... inguardabile, secondo me. E infatti in sala durante il film alcuni spettatori si erano addormentati... Devo dire però che io quasi sempre preferisco leggere un libro che vedere un film. Un libro dà spazio ai dettagli, stimola la fantasia del lettore, ognuno si crea le sue scene e i suoi personaggi. Io per esempio mi immaginavo Arianna molto diversa, meno dura e più commovente. Invece... Certo, leggere un libro richiede più tempo, non lo puoi finire in un'ora e mezza come il film.

PS L'autore della colonna sonora è Fabrizio Gialini, la regista invece è Gianna Turrigini. La sceneggiatura è di Gianna Turrigini e Filippo Sorta.

	Roberto	Paola
Film:	*ritmo dinamico,*	
Libro:		

4e Suchen Sie in Robertos und Paolas Kommentaren die passenden Ausdrücke, um Folgendes auszudrücken.

1. Un film molto noioso →
2. Un libro molto noioso →
3. Un libro bellissimo, un'opera d'arte →
4. Un film che non si può guardare →
5. Degli attori molto bravi → *eccezionali*

4f Lesen Sie die Kommentare in Übung 4d noch einmal. Schreiben Sie im Kreis links die Wörter auf, die sich auf Filme und Kino beziehen, im Kreis rechts die, die sich auf Bücher und Lesen beziehen, in der Mitte die Wörter, die sowohl für Filme als auch für Bücher verwendet werden können.

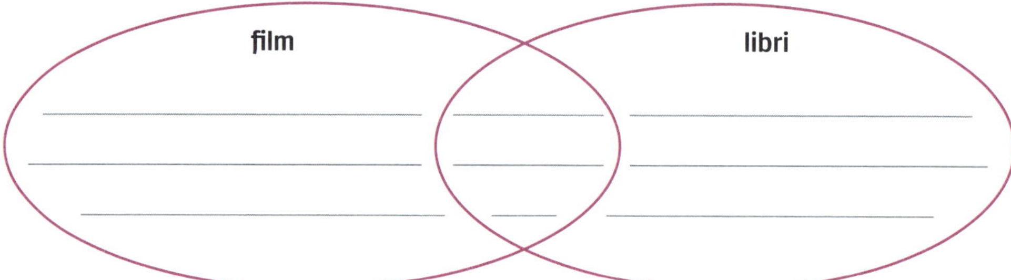

4g Alberto Fonda (Übung 4d) hat jetzt den Film gesehen und will darüber schreiben. Helfen Sie ihm anhand der Notizen, die er sich gemacht hat, den Text zu vervollständigen. Sie können auch die Rezension (Seite 59) zu Hilfe nehmen!

Arianna: vita normale, ma non è felice. Un giorno, dopo vent'anni e per caso → Marcello → (breve descrizione di Marcello) → grazie aiuto di Marcello → Arianna: ritrovare sogni / si licenzia / affitta appartamento → Australia (1 anno, veterinaria in un'organizzazione che si occupa di animali selvatici) → Presto scopre: gente in Australia = gente che ha lasciato in Italia / egoista, indifferente → non felice, solo nel lavoro e nella meravigliosa natura → calma. Arianna capisce: 1) problema dentro di lei; 2) cercare soluzione non fuori ma dentro se stessa.

Film e regia 🙂🙂🙂; attrice (Arianna) 🙂🙂, attore (Marcello) 😐; ritmo un po' lento ma fotografia (paesaggi!!) 🙂🙂🙂; unico problema → colonna sonora 😐 (non adatta film / troppo moderna! io troppo vecchio per capire??)

SCHEDA DEL FILM

Titolo: **Adesso parto (2021)**

_______________: Lia Dronn nel ruolo di Arianna; Ernesto Forla nel ruolo di Marcello

_______________: Gianna Turrigini

_______________: Gianna Turrigini e Filippo Sorta

_______________: Fabrizio Gialini

Genere: drammatico

Contenuto e giudizio: *Arianna fa una vita…*

E Lo sapevate? Un Paese interessante

E1 Un posto sicuramente da vedere

1a UNESCO und Italien: Was wissen Sie darüber? Machen Sie das Quiz. Sie finden die Lösungen auf S. 107.

1. Alla fine del 2021 aveva più siti UNESCO

☐ la Germania. ☐ la Cina. ☐ l'Italia. ☐ la Francia.

2. Il primo sito italiano patrimonio dell'UNESCO è stato

☐ il centro storico di Napoli. ☐ il centro storico di Firenze.
☐ Venezia e la sua laguna.

3. Che cosa *non* è ancora un bene UNESCO?

☐ L'arcipelago della Maddalena in Sardegna. ☐ Le Dolomiti.
☐ Il vulcano Etna in Sicilia.

4. Fra i beni «non materiali» UNESCO ci sono anche

☐ l'arte della ceramica italiana. ☐ l'olio di oliva, tipico della cucina mediterranea.
☐ l'arte di fare la pizza.

5. Quale città *non* aveva alla fine del 2021 il titolo UNESCO di «città creativa per la gastronomia»?

☐ Alba, in Piemonte. ☐ Parma, in Emilia Romagna.
☐ Oristano, in Sardegna. ☐ Bergamo, in Lombardia.

6. Roma invece ha ricevuto dall'UNESCO il titolo di «città creativa per

☐ la letteratura». ☐ le arti popolari e l'artigianato».
☐ il cinema».

1b Die UNESCO-Organisation hat sich mehrmals für die Stadt Padua interessiert. Darüber ist ein Artikel auf der Website einer Tageszeitung erschienen (Seite 62). Worum geht es? Wählen Sie einen passenden Titel.

○ L'UNESCO premia Padova, città degli orti metropolitani.

○ Natura e cultura: così l'UNESCO premia Padova.

○ Per l'UNESCO i trecento affreschi della città sono patrimonio dell'umanità.

Prima l'Orto Botanico, e adesso il ciclo di affreschi del XIV secolo: per la seconda volta l'UNESCO premia la città di Padova e la riconosce centro di due siti importanti per il patrimonio mondiale dell'umanità. Il primo sito era stato nel 1997 l'Orto Botanico, fondato nel 1545 per coltivare e studiare le erbe medicinali. Secondo l'UNESCO l'antico orto – che ha la forma di un cerchio, chiuso da un anello d'acqua e rappresenta il mondo – ha avuto durante i secoli un ruolo importante nello sviluppo della botanica, della medicina, della farmacia e dell'ecologia.

Il nuovo sito, invece, entrato nel patrimonio UNESCO nel luglio del 2021, comprende otto luoghi diversi, tutti situati dentro la cinta muraria della città: si va dalla Cappella degli Scrovegni alla Chiesa degli Eremitani e alla Cappella della Reggia carrarese, dal Palazzo della Ragione al Battistero della Cattedrale, dalla Basilica e dal Convento di Sant'Antonio agli Oratori di San Giorgio e di San Michele. Nati con obiettivi e funzioni diversi, questi magnifici edifici sono decorati con splendidi affreschi di stile e contenuto simili, che risalgono alla «scuola» del Trecento artistico padovano. Grande la gioia a Padova per la decisione UNESCO, che la città aspettava da 27 anni.

1c **Lesen Sie den Artikel noch einmal. Welche Aussagen stimmen nicht?**

1. Per due volte l'UNESCO si è interessato alla città di Padova.
2. L'Orto Botanico risale al 1997.
3. L'Orto ha una forma che ricorda il mondo.
4. Nell'Orto c'è anche una farmacia che ha avuto un ruolo importante.
5. Gli affreschi della scuola del Trecento artistico padovano si trovano in diversi edifici antichi della città.
6. Questi affreschi presentano temi diversi.
7. La città aspettava la decisione dell'UNESCO da molti anni.

1d Sie interessieren sich für eine Stadtbesichtigung von Padua und haben dafür den Beitrag einer Bloggerin gelesen. Was können Sie in Ihr Notizbuch schreiben?

Un posto sicuramente da non perdere è l'Orto Botanico, nel centro storico della città e sito UNESCO dal 1997. È il più antico Orto d'Europa rimasto nella sede originaria e ospita più di 3500 specie di piante diverse, fra cui la famosa Palma di Goethe. Va assolutamente visto il Giardino della biodiversità, dove troverete tantissime piante incredibili, raccolte secondo il loro Paese d'origine e il loro habitat. Per chi ama la pittura, ci sono corsi di acquarello botanico; durante l'anno si organizzano attività creative per famiglie e bambini (per informazioni e orari consultare prima la pagina web). Un paio di consigli utili: siccome l'Orto è molto grande, vi consiglio di scaricare l'app per programmare che cosa vedere. Le stagioni migliori sono la primavera e l'estate, ma nei mesi più caldi sono da evitare le ore centrali della giornata: io ci sono stata in luglio e il caldo era veramente terribile. E le zanzare pure, perciò mettetevi anche la crema anti-zanzare, perché vi ricordo che questi insetti adorano gli ambienti umidi... E voi, ci siete già stati? Ci volete andare e avete ancora domande? Scrivetemelo nei commenti!

Orto Botanico

Dov'è:

Perché vederlo:

Da visitare assolutamente:

Che cosa fare ancora:

Consigli pratici:

***Da* + Verb im Infinitiv**

Diese Form drückt aus, dass etwas zu tun bzw. nicht zu tun ist.

Un posto ***da non perdere*** = un posto che non si deve perdere, che si deve visitare

Un museo ***da visitare*** = un museo che si deve visitare

Die Passivkonstruktion mit *andare* + Partizip Perfekt

Diese Passiv-Form drückt eine Notwendigkeit aus.

Das Passiv mit **andare** wird nur in den einfachen Zeiten verwendet.

Va assolutamente **visto il Giardino** = Der Garten muss unbedingt gesehen werden.

Gli affreschi di Giotto **vanno visti** almeno una volta nella vita! = Die Freskos von Giotto müssen mindestens einmal im Leben gesehen werden!

1e Die Bloggerin hatte noch ein paar Tipps für Padua. Allerdings gab es ein Problem mit der Internetverbindung. Schaffen Sie es, die Tipps zu rekonstruieren?

vanno visti • va prenotata • vanno assolutamente provate • va visitata • va fatta

Vi lascio ancora alcuni consigli per facilitare il vostro soggiorno a Padova:

1. la Basilica di Sant'Antonio ______________________ la mattina presto, quando c'è meno gente.
2. Per visitare il Battistero nei fine settimana ______________________ la prenotazione online.
3. Gli affreschi di Giotto sono meravigliosi, ______________________ almeno una volta nella vita!
4. Attenzione! La visita alla Cappella degli Scrovegni ______________________ per tempo.
5. E non dimenticate la gastronomia: le tagliatelle al radicchio rosso sono tipiche, ______________________!

1f Eine Zeitschrift zum Italienischlernen hat ihre Leser/innen dazu aufgefordert, einen Reisebericht für die Rubrik „Warum diese Stadt besuchen?“ zu schreiben. Letzten Sommer waren Sie in Palermo und Umgebung: Sie waren begeistert ... Verfassen Sie Ihren Beitrag mithilfe Ihres Spickzettels.

Warum Palermo und die Umgebung besuchen? Weil diese Gegend den Touristen so viel zu bieten hat. Diesen Sommer wir → Besuch des arabisch-normannischen Palermo und der Kathedralen von Cefalù und Monreale → seit 2015 UNESCO-Weltkulturerbe

Unvergessliche Erfahrung wegen der Schönheit der Städte und deren Gebäude. Unbedingt zu besuchen in Palermo: Palazzo dei Normanni mit der Cappella Palatina (für viele die schönste Kirche in Sizilien!) und die Kirche von San Giovanni degli Eremiti. Hier Pause in dem wunderschönen Garten des Chiostro. Absolut empfehlenswert die Kathedrale von Palermo (von oben wunderschöner Blick auf die Stadt) und den Markt von „Ballarò“. Die Kathedralen von Monreale und Cefalù sind wunderschön, allerdings braucht man das Auto, um sie zu erreichen. Die Gastronomie der Insel ist hervorragend: unbedingt probieren → das ganze Streetfood in Palermo; denjenigen, die Süßes mögen, empfehle ich die berühmten „cannoli siciliani“.

Perché visitare Palermo e dintorni? Perché questa zona ha tanto da offrire ai turisti.

Quest'estate abbiamo visitato la Palermo arabo-normanna…

E2 Da una generazione all'altra

2a Erinnern Sie sich an das Quiz über die UNESCO und Italien (Seite 61)? Im Internet hat ein Benutzer eine Frage gestellt: Was würden Sie darauf antworten? Schreiben Sie Ihre Meinung.

Ma perché proprio la pizza è patrimonio non materiale dell'umanità per l'UNESCO? Chi me lo sa spiegare?

Credo che ____________________________

____

____

____

____

____

2b Von der Frage angeregt, bitten Sie Ihre italienische Freundin Sofia um eine Erklärung. Schicken Sie ihr eine SMS mithilfe dieser Stichpunkte.

Neulich gelesen, dass laut UNESCO die Pizza → immaterielles Weltkulturerbe. Wenn ich Italiener/in wäre → sehr zufrieden, aber Zweifel: warum Pizza und nicht z. B. Spaghetti? Welche Gründe, kannst du es mir erklären? Danke! 😚)

Ciao Sofia!

____

____

____

____

2c Als Erklärung hat Ihnen Sofia einen Link geschickt. Lesen Sie den Bericht auf der nächsten Seite und entscheiden Sie, welcher Titel zu welchem Abschnitt passt.

a. Salvare le differenze culturali in un mondo globalizzato

b. Pizza per tutti

c. Solo cucina e folclore? Non esattamente...

d. Si impara guardando e facendo pratica

Das *gerundio presente*
osserv-are → osserv**ando**
ved-ere → ved**endo**
segu-ire → segu**endo**
Achtung!
fare → facendo
dire → dicendo
bere → bevendo

1. Dire *pizza* significa dire *Italia*. Ma significa pure dire mondo: anche se la pizza resta un piatto tradizionale italiano, oggigiorno la potete trovare e mangiare dappertutto. È forse per questo che l'UNESCO ha deciso di riconoscere l'arte tradizionale del «pizzaiolo» napoletano come patrimonio immateriale dell'umanità? Non esattamente.

2. Preparare una pizza a Napoli non significa semplicemente associare e cucinare in modo corretto gli ingredienti. Significa anche seguire un rito sociale che, fatto di gesti precisi, di lingua e dialetto, a volte diventa un vero spettacolo. Ma attenzione a non scambiarlo con una semplice manifestazione folcloristica!

3. Si tratta infatti di un patrimonio culturale che da secoli passa da una generazione all'altra, grazie all'apprendimento e alla pratica diretta: in pizzeria i giovani apprendisti imparano gli aspetti dell' «arte» a poco a poco, osservando i più vecchi ed esperti, seguendone i consigli e facendo tanta pratica. Esistono anche scuole, che organizzano regolarmente corsi sulla storia e sulle tecniche necessarie per imparare l'arte di fare la pizza e mantenere viva la ricchezza delle tradizioni.

4. Ecco il perché della decisione dell'UNESCO: l'obiettivo è proteggere e sostenere il sapere e le abilità che si trasmettono da una generazione all'altra intorno a un'arte che, come tante altre, ha caratteristiche culturali e creative uniche, ma rischia di sparire in un mondo sempre più globalizzato.

2d Schreiben Sie eine kurze Zusammenfassung des Artikels in 2c. Folgen Sie den Stichwörtern unten.

Fare una pizza a Napoli non è solo… ma anche…

Si tratta di…

Grazie alla decisione dell'UNESCO quest'arte eviterà di …

2e Welche Schlüsselwörter würden Sie nach der Lektüre des Artikels mit dem Wort Pizza verbinden? Markieren Sie sie im Text: z. B. „piatto tradizionale", „rito sociale" …

2f Zu diesem Beitrag und zum Thema „Warum sollen spezifische kulturelle Traditionen geschützt und gefördert werden?“ haben sich auch einige Leser/innen geäußert. Aber diesmal war der Wurm drin: Was stand da geschrieben? Rekonstruieren Sie die Aussagen, wie im Beispiel.

Das *gerundio presente* in Modalsätzen

I giovani imparano **osservando** i più esperti, **seguendo**ne i consigli e **facendo** pratica.

Das **gerundio presente** kann verwendet werden, um die Art und Weise einer Handlung zu beschreiben.

Es kann mit „indem“ wiedergegeben werden.

Pronomen werden an das **gerundio** angehängt:

...seguendo**ne** i consigli
(= ... indem sie dessen Tipps folgen.)

Imparando a conoscere le antiche tradizioni	il sapere da una generazione all'altra non	si protegge la creatività e la storia delle persone.
Proteggendo e trasmettendo le	tradizioni si	sviluppa il dialogo fra generazioni.
Si capisce meglio un Paese	studiare le tradizioni della gente comune. Facendolo,	si perdono le conoscenze raccolte nei secoli.
In un mondo globalizzato è importante	si capiscono	la cultura.
Trasmettendo	studiandone	meglio le differenze culturali.

2g Marlies lebt in München. Ihre italienischen Freunde haben sie gefragt, ob in Deutschland auch etwas aus dem Bereich Lebensmittel zum Weltkulturerbe gehört. Sie hat recherchiert, sich Notizen gemacht und sogar ein paar Wörter übersetzt. Jetzt geht es darum, den Text für die Freunde fertig zu schreiben. Helfen Sie ihr!

Seit 2014 deutsches Brot UNESCO-Weltkulturerbe → in Deutschland große Brotvielfalt: es gibt fast 3200 Brotspezialitäten! Ihr kennt das: in den Bäckereien → Brot jeder Art und Form. Es gibt viele Gründe für diese Vielfalt: Geschichte, Geografie, Klima, unterschiedliche Herstellungsmöglichkeiten (*modi di produzione*) haben Merkmale und Form der unterschiedlichen Brote beeinflusst (*influire*). Die UNESCO-Entscheidung soll dieses Wissen schützen, um es den nächsten Generationen zu übermitteln. Hoffen wir, dass es wirklich so ist!

Ciao ragazzi! Allora, ho fatto delle ricerche e ho scoperto che ____________________

____

____

____

E3 Provare per credere!

3a Auf einer Website haben Sie diese vielversprechenden Speisen gesehen. Zu welcher Region aus der Liste könnten sie gehören? Versuchen Sie, es zu erraten, die Auflösung folgt in Kürze.

Toscana • Lazio • Campania • Sicilia • Abruzzo • Emilia Romagna • Liguria • Marche • Puglia • Veneto • Basilicata

supplì

arrosticini

orecchiette con cime di rapa

torta pasqualina

sfincione

piadina

3b Überprüfen Sie Ihre Lösungen in 3a mithilfe des folgenden Artikels, der im Zusammenhang mit diesen Fotos stand. Haben Sie es erraten?

La nuova moda? Si chiama cibo di strada.

La pasta alla Norma siciliana, le orecchiette con le cime di rapa della tradizione pugliese, la polenta e baccalà veneti, la torta pasqualina della Liguria, le olive ascolane dalle Marche... la cucina italiana è alla fine un insieme di specialità regionali molto diverse che si cucinano e si mangiano in tutto il Paese. Ma accanto alla cucina italiana tradizionale esiste ed è sempre più di moda anche lo streetfood, il «cibo di strada».

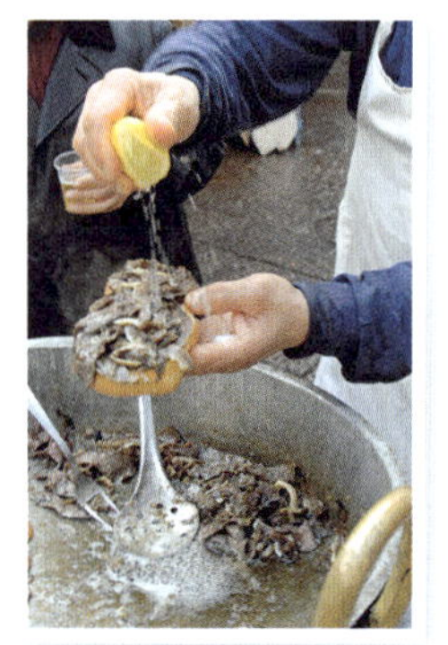

Spesso preparato sul posto, pronto da mangiare e in porzione singola, il cibo di strada si consuma all'aperto, in piedi, passeggiando, qualche volta seduti dove capita... Piace molto perché è saporito, economico, pratico e veloce; ha cioè tutte le caratteristiche per aver successo in un'epoca come la nostra, in cui pochi trovano il tempo per sedersi tranquillamente a tavola, ma nessuno vuole rinunciare ai piaceri del buon cibo.

Resta il dubbio se lo streetfood italiano è buono come i piatti tradizionali. Provare per credere: se fatto bene, è ottimo! Di solito nasce da ricette basate sulla cucina «povera» regionale o su variazioni di ricette locali originariamente più complesse e più care. Sono ricette che hanno spesso dei nomi dialettali, proprio perché legate alla tradizione del posto, in cui si usano ingredienti semplici e genuini, che si cucinano presto. Alcuni cibi di strada sono famosi oltre il confine regionale – basti pensare alla pizza fritta napoletana, agli arancini siciliani, alla piadina emiliana, ai supplì della cucina romana, agli arrosticini abruzzesi, alla focaccia, che si prepara in tutto il Paese, ma poi da una regione all'altra cambia leggermente e prende nomi diversi, dalla «fügassa» genovese, alla schiacciata toscana, allo sfincione siciliano. Sono cibi diversissimi, come diversissima può essere la zona geografica e la storia della regione da cui nascono; ma hanno tutti un forte rapporto con la cultura del posto. Ed è questa la differenza fondamentale con altri spuntini e ricette che oggi si mangiano pure per strada, sono ugualmente buoni, ma provengono da culture e tradizioni di altri Paesi.

3c Welche Informationen haben Sie über die folgenden Aspekte im Artikel gelesen? Schreiben Sie sie in die passende Spalte.

Caratteristiche del cibo di strada (in generale)	Per chi?	Caratteristiche del cibo di strada italiano	Esempi
______	______	______	______
______	______	______	______
______	______	______	______
______	______	______	______

3d Lesen Sie den Artikel noch einmal und suchen Sie die entsprechenden Ausdrücke.

1. Che si può mangiare subito →
2. Sedersi dappertutto dov'è possibile, senza fare molta attenzione →
3. È un modo di dire, significa: *la cosa migliore da fare è provare direttamente* →
4. Una cucina fatta con ingredienti molto semplici e che costano poco →
5. Della città di Genova →

3e Barbara organisiert gerade ihre Ferien auf Sizilien und fragt Damiano nach Informationen. Was will sie wissen? Welche Informationen gibt ihr Damiano?

Ciao, ma tu che sei di Palermo mi sai dire cosa significa «sfincione»? È un nome stranissimo!

Ciao! L'origine non è chiarissima. Secondo alcuni studiosi il nome deriva dal greco e significa «spugna», perché è un pane morbido come una spugna. Secondo altri, invece, viene dall'arabo, dato che esiste una parola molto simile per indicare una specie di pane fritto, condito con il miele.

Ma è da provare? È come una pizza?

Ma certo! Però non è una pizza. È una specie di focaccia morbida, condita con pomodoro, cipolla, acciughe, caciocavallo (qualcuno ci mette altri tipi di formaggio), origano e tanto olio di oliva. Lo sfincione di Bagheria, invece, non ha il pomodoro e si chiama sfincione bianco. Cerca in Internet, troverai tutto quello che ti serve!

Barbara vuole sapere ______________________

____

____

Damiano dà informazioni su ______________________

____

____

3f Lesen Sie die SMS in Übung 3e noch einmal. Welche Aussage stimmt? Kreuzen Sie an.

☐ Ci sono dubbi / Non ci sono dubbi sull'origine del nome.

☐ Si pensa che il nome derivi / non derivi dalle caratteristiche del pane.

☐ Damiano consiglia / non consiglia a Barbara di provarlo.

3g Barbara hat in den sozialen Medien einiges über diese Spezialität gefunden. Lesen Sie den Post. Worüber weiß sie jetzt mehr? Kreuzen Sie an.

Si dice che + congiuntivo
Si dice che lo abbiano creato nel '700 le suore.
Si dice che il nome «sfincione» derivi dal greco.
Wenn eine Vermutung mit **si dice che...** eingeführt wird, wird im Nebensatz der Konjunktiv verwendet.

☐ ingredienti ☐ tradizioni antiche ☐ differenze fra ieri e oggi
☐ geografia ☐ storia ☐ processioni di Natale

Si dice che lo abbiano creato nel '700 le suore del monastero di San Vito a Palermo, che volevano offrire per le feste un pane diverso e più ricco del solito.

Certo è che ha una lunga tradizione: le donne lo preparavano alla vigilia delle festività natalizie più importanti e lo portavano a cucinare nei forni a legna della città (a Bagheria, vicino a Palermo, si possono ancora vedere gli antichi forni ottocenteschi). Lo sfincione era insomma il segnale che introduceva le feste di Natale. Oggi si può assaggiare questa deliziosa specialità tutto l'anno e in molti quartieri di Palermo ci sono venditori che girano per le strade accompagnandone la vendita con un canto in dialetto, in cui si lodano le qualità e la bontà del prodotto. Ma ancora oggi resta una specialità legata alle feste di Natale, piatto tipico delle vigilie più importanti, dall'8 dicembre, festa dell'Immacolata, fino alla chiusura con l'Epifania delle festività natalizie.

3h Suchen Sie in den Übungen 3e und 3 g die passenden Wörter, um Folgendes auszudrücken.

Sie möchten sagen, ...

1. dass der Ursprung nicht eindeutig ist. __________
2. woher der Name stammt. __________
3. dass es unterschiedliche Meinungen gibt. __________
4. dass etwas als Vermutung weitergegeben wird. __________
5. dass ein Punkt sicher ist. __________

3i Teilen Sie auch Ihre Kenntnisse! Mithilfe der Stichpunkte erstellen Sie einen kurzen Text für Ihre Kollegen/innen im Italienischkurs.

Si dice «ragù».

Auf Italienisch: keine ~~Bolognese Sauce~~ → man sagt „ragù". Name stammt nämlich vom französischen „ragout" → ein Gericht mit Gemüse- und Fleischstücken, das lange gekocht wurde. „Ragout" kam von Frankreich nach Neapel und in den Vatikan, von dort in ganz Italien. Am Anfang das Rezept → keine Tomaten und „ragù" ohne Nudeln gegessen; heutzutage das Rezept → viele Variationen. Nach Meinung einiger Köche gehört z. B. auch Sahne dazu, nach anderen nicht. Man sagt auch, dass die besten Nudeln für das „ragù" die „tagliatelle all'uovo" und nicht die Spaghetti sind. Eines ist aber sicher: Es ist eines der beliebtesten Gerichte in Italien und im Ausland.

Si dice «ragù».

F Per rilassarsi è il massimo!

F1 Un programma ampio e interessante

1a Peter ist im Urlaub in Genua. Im Zentrum hat ein Plakat sein Interesse geweckt. Leider ist das Plakat vom Wind zerrissen worden. Rekonstruieren Sie es, damit Peter es lesen kann.

Nell'ambito delle iniziative dedicate allo sport invitiamo tutti gli interessati a partecipare sabato e domenica 29 e 30 giugno alla

1.

più punti della città, dal Palazzetto dello Sport di Via Terenzio alla Piscina comunale sita in Viale Ribotto, ai campi di atletica e di golf in località Centovilla (per il

2.

un programma ampio e interessante, dallo *yoga degli animali* e l'arrampicata per i più piccoli ai corsi di samba e tango per gli appassionati della danza, dai corsi di bocce per i meno giovani ad attività impegnative come il karatè e l'atletica per

3.

a cui potrete partecipare, che si svolgeranno all'aperto e al chiuso. Per una questione di spazio si richiede l'iscrizione (gratuita)

4.

le informazioni relative alle varie specialità sportive, sia il modulo per l'iscrizione. Se avete ulteriori domande, potete contattarci al numero verde...

☐ i più allenati (attenzione: per partecipare a questi ultimi corsi serve il certificato medico). Istruttrici e istruttori qualificati informeranno sulle ultime novità con presentazioni

☐ ai corsi che si svolgono nelle palestre; le presentazioni all'aperto sono invece aperte a tutti. Al link uncomuneperlosport@mail.it sono disponibili sia

☐ 3. edizione di «Sì allo sport, sì alla salute». L'evento, in collaborazione con l'associazione «Amici di Tania», interesserà

☐ programma con tutte le indicazioni consultate il sito). L'obiettivo è promuovere l'attività sportiva in tutte le fasce d'età, offrendo

F

1b Suchen Sie auf dem Plakat (Seite 73) die Begriffe für folgende Sportarten.

A ____________________

 ____________________

C ____________________

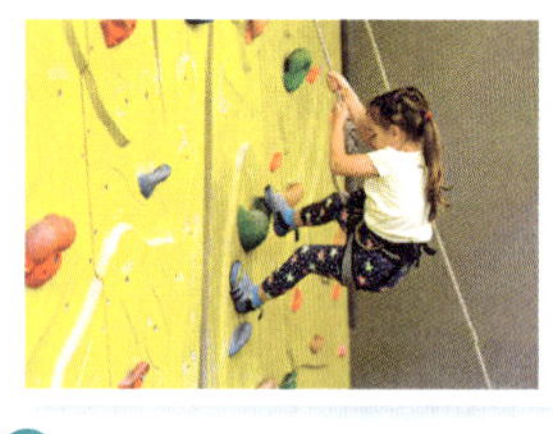

D ____________________

1c Wie viele Sportarten finden Sie noch in der Wortschlange?

paracadutecorsacanottaggioracchettapescasubacquearetearrampicatacampo
paracadutismosquashFormula1ciclismopinnepallinapallavolomascherapingpong

1d Peter hat Giada, seiner italienischen Freundin, eine SMS geschickt. Anscheinend hat er den Ankündigungstext in 1a zu schnell gelesen ... Vergleichen Sie den Text auf dem Plakat mit Peters SMS: Welche Informationen in Peters SMS hat Giada korrigiert? Vervollständigen Sie.

Hai voglia di fare un po' di sport questo weekend? Ci saranno varie gare sportive in diversi punti della città, sono per tutti, dai bambini agli anziani. Ci saranno anche insegnanti che presenteranno diverse novità in palestra e all'aperto, bisogna solo iscriversi e avere il certificato medico per partecipare. Secondo me ci divertiremo un sacco. Ho una gran voglia di provare il karatè 🙂

Mi sembra interessante 🙂! Però forse lo hai letto troppo velocemente;-)... Ho dato un'occhiata alla pagina online che riporta le informazioni del manifesto, ma

non ci sono gare, solo ____________________

Poi non bisogna ____________________

E non è necessario ____________________

1e Giada und Peter haben ihren SMS-Austausch fortgesetzt. Sie scheinen nicht immer der gleichen Meinung zu sein. Lesen Sie und vervollständigen Sie die Tabelle unten.

Ma sei sicuro che si possa avere così il certificato medico? Secondo me non sarà così facile.

Dici? Devo solo cercare un medico e chiederglielo...

Non saprei... non è così facile. Informati! È meglio però che ti iscriva subito al corso di karatè, non sono sicura che ci siano molti posti.

Ma tu ci vieni? Il karatè è ideale, me lo ha consigliato anche Paolo. In poco tempo hai ottimi risultati.

No, guarda, non fa per me! È sconsigliato per chi ha problemi di schiena come me. Forse ci sono altri corsi più adatti.

Aspetta, ho scaricato il programma dettagliato dei corsi, adesso te lo mando...

Giada pensa che	__________ __________
Peter pensa che	__________ __________ __________

1f Suchen Sie im SMS-Austausch oben die Wörter, um Folgendes auszudrücken.

1. Einen Zweifel äußern: __________
2. Unsicherheit ausdrücken: __________
3. Einen Vorschlag entschieden ablehnen: __________
4. Einen Ratschlag ausdrücken: __________

1g Ordnen Sie die Fragen den Bildern zu und schreiben Sie die Antworten mithilfe der Ausdrücke in 1f.

1. Devo veramente rifare il compito? ______
2. Hai mal di schiena? Se fossi in te, tornerei a casa... ______
3. Perché non ti iscrivi a un corso di yoga? Per rilassarsi è l'ideale. ______
4. Ne vuoi ancora un po'? ______

1h Giada versucht, auch Sie für das Sportprogramm am Wochenende zu begeistern. Antworten Sie ihr (Ihre Gedanken sind in Klammern angegeben).

Hai visto il programma? È proprio per tutti! Se vieni, passeremo un sabato fantastico! Non dirmi di no...

(Sie sind unsicher ... Ist sie wirklich sicher, dass es für alle geeignet ist?)

Ma certo! Ci sono così tante attività. Per esempio, che ne diresti di provare lo squash?

(Definitiv ist das nichts für Sie! Seit Monaten haben Sie Probleme mit dem Knie.)

E allora proviamo il corso di tango! Io e te, sai che divertente?

(Es ist besser, dass sie sich einen anderen Partner sucht ... Sie sind ein/e miserable/r Tänzer/in.)

F2 Il movimento ti può aiutare

2a Elena hat gerade eine E-Mail vom Personalleiter bekommen. Soll sie sich Sorgen machen? Lesen Sie die E-Mail und wählen Sie aus.

Gentili colleghi e colleghe,

siamo lieti di annunciarVi che a partire dalla prossima settimana sarà a Vostra disposizione un allenatore sportivo, che Vi aiuterà a risolvere i piccoli problemi di salute dovuti alle tante ore passate alla scrivania. Pierpaolo è qualificato e disponibile e Vi seguirà sia con consigli pratici – per esempio come migliorare la postazione di lavoro – sia con corsi di ginnastica, che Vi permetteranno di mantenere o raggiungere una buona forma fisica.
I corsi, che sono aperti a tutti gli interessati, avranno luogo la mattina e la sera fuori dell'orario normale di lavoro, nella sala F dell'edificio principale. Di venerdì non ci saranno corsi né la mattina né il pomeriggio. Alcuni incontri, inoltre, si svolgeranno all'aperto – naturalmente solo se le condizioni del tempo lo permetteranno.
In questa e-mail trovate due allegati: il programma dei corsi e il modulo d'iscrizione. Vi invitiamo ad approfittare di quest'offerta, contattando il signor Giannini per ulteriori informazioni o, se non avete domande e siete già sicuri del corso, compilando direttamente il modulo d'iscrizione.
Anticipo che per aprile è in programma un intero fine settimana da passare con il nostro allenatore. Per due giorni i partecipanti potranno mettere alla prova le loro capacità di orientamento in un bosco. Si parteciperà a squadre, per un massimo di trenta partecipanti. Vi informeremo per tempo su tutti i dettagli. Se siete interessati, Vi prego di contattarmi entro il 12 marzo.

Un saluto cordiale,
Lorenzo Mirat

Elena ☐ deve ☐ non deve preoccuparsi

☐ perché è un nuovo impegno di lavoro.

☐ perché il signor Mirat annuncia che ci saranno più ore di lavoro.

☐ perché è un'iniziativa per aiutare gli impiegati della ditta.

☐ perché si deve partecipare.

Sowohl ... als auch

Pierpaolo Vi seguirà **sia** con consigli pratici, **sia** con corsi di ginnastica.

Weder ... noch

Di venerdì **non** ci saranno corsi **né** la mattina **né** il pomeriggio.

2b Lesen Sie die E-Mail noch einmal und entscheiden Sie, welche Aussagen zutreffen.

1. Pierpaolo offre solo dei corsi / offre corsi e consulenze / offre solo corsi all'aria aperta.
2. I corsi inizieranno subito / nel fine settimana / fra sette giorni.
3. I corsi sono obbligatori / non sono obbligatori / sono obbligatori solo per alcuni impiegati.
4. I corsi si svolgono solo prima dell'orario normale di lavoro / durante l'orario normale di lavoro / prima o dopo l'orario normale di lavoro.
5. Gli interessati possono iscriversi subito / devono iscriversi subito / non possono ancora iscriversi.
6. In primavera ci sarà un'iniziativa speciale a cui potranno partecipare tutti gli impiegati / solo gli impiegati dell'Ufficio del Personale / a cui potrà partecipare solo una parte degli impiegati.
7. Per l'iniziativa primaverile occorre scrivere o telefonare all'allenatore / al signor Mirat / al signor Giannini.

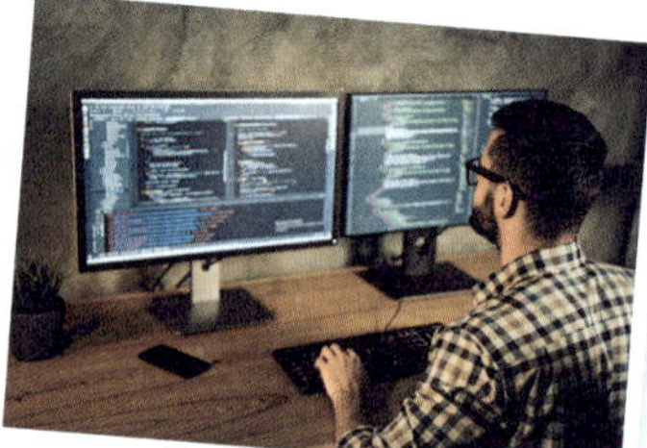

2c Suchen Sie in der E-Mail die Wörter, die diesen Ausdrücken entsprechen.

1. il posto o la stanza dove si lavora con computer, scrivania, ecc. →
2. svolgersi →
3. documento che si manda con un'e-mail →
4. scrivere o telefonare a una persona →
5. altre (informazioni), non ancora date →

2d Die E-Mail hat einen etwas förmlichen Stil. Schreiben Sie hier die Floskeln aus der E-Mail, die eine ähnliche Bedeutung haben.

1. Essere contenti di poter comunicare una novità:

   ____

2. Consigliare gentilmente di sfruttare un'offerta:

   ____

3. Chiedere gentilmente di inviare un messaggio o di telefonare:

   ____

2e Elena ist neugierig und hat in den sozialen Medien die Website von Pierpaolo gesucht. Leider sind auf der Seite Fotos und Titel durcheinandergeraten. Bringen Sie sie wieder in Ordnung! Wählen Sie für jeden Abschnitt den treffenden Titel aus der Liste und ordnen Sie das passende Foto zu.

Che cosa offriamo • Perché iscriversi • Dove si svolgono gli allenamenti • Chi siamo

A ______________________________

Benvenuto/a! Salute e forma fisica per te sono importanti? Hai deciso di dedicare più tempo a te stesso/a? Sei già sportivo/a e vuoi tenerti in forma? Questa è la pagina giusta per te! Siamo un team di allenatori giovani e dinamici, che da cinque anni si dedica a promuovere lo sport a tutti i livelli.

1 ☐

B ______________________________

Fare movimento è importantissimo per la qualità della tua vita. Chi è in forma ha più energia, reagisce meglio allo stress, si ammala di meno e vive più a lungo in buona salute. Che cosa aspetti? Adesso è il momento giusto per cominciare!

2 ☐

C ______________________________

Programmiamo e seguiamo allenamenti individuali e in piccoli gruppi (massimo quattro persone) adatti alle condizioni, all'età e ai bisogni dei nostri clienti. Per aziende e ditte offriamo un programma flessibile di corsi adatti a tutti – anche mini allenamenti da eseguire direttamente alla scrivania.

3 ☐

4 ☐

D ______________________________

A seconda del tipo di allenamento e di corso, le lezioni si svolgeranno nella nostra palestra, o a casa del/della cliente o ancora direttamente presso le ditte e le aziende interessate. Alcune lezioni (corsa, nordic walking, atletica) saranno all'aperto, al parco Leopardi o sul campo di atletica leggera di Via Machiavelli. Sei interessato/a? Scrivici a questo link, ti contatteremo prima possibile per tutte le informazioni.

2f **Die Firma hat die Mitarbeiter/innen, die an den Sportkursen teilgenommen haben, um ein kurzes Feedback gebeten. Welche Informationen hat Elena erwähnt? Füllen Sie die Tabelle aus.**

Oggetto: Feedback corso con Pierpaolo

Ho deciso di partecipare al corso di ginnastica dolce di martedì. Volevo fare qualcosa per la schiena e soprattutto desideravo abbassare l'alto livello di stress che è normale dopo una lunga giornata di lavoro. Devo dire che il corso è stato veramente una piacevole sorpresa. Pierpaolo ha saputo motivarci ad ogni lezione con attività sempre nuove di stretching e di movimento, non troppo faticose ma molto efficaci. Decisamente ora mi sento più forte e rilassata e il mal di schiena è molto migliorato. Un'unica osservazione: il corso cominciava alle 18.30, un orario non ideale per me, che inizio a lavorare molto presto. Forse cominciare un po' prima potrebbe essere una buona idea per tutti i colleghi e le colleghe che alle 7.30 sono già in ufficio e magari a casa hanno figli piccoli che li aspettano la sera.

Tipo di corso	____________
Perché ha partecipato	____________
Descrizione del corso	____________
Giudizio sul corso	____________
Consigli e proposte	____________

2g **Auch Thomas aus Zürich, der im Moment bei der Firma arbeitet, soll ein Feedback hinterlassen. Aber er traut sich noch nicht, auf Italienisch zu schreiben. Übernehmen Sie es mithilfe der folgenden Notizen.**

Anmeldung für den Kurs „Gymnastik für jeden" – damit sehr zufrieden! Der Kurs hat sowohl in der Firma als auch im Freien, im Park Leopardi, stattgefunden. Alle Unterrichtsstunden → 🙂 🙂 ! Sie waren nicht immer einfach, aber am Ende der Stunde → immer voller Energie.

Pierpaolo hat mir auch geholfen, meinen Arbeitsplatz besser zu organisieren. Seitdem → kein Kopfweh mehr, weniger gestresst und Fitness deutlich verbessert.

Ich lade alle dazu ein, dieses Angebot auszunutzen, weil es wirklich eine sehr gute Initiative ist.

Mi sono iscritto al corso… ____________

F3 Una pausa dal ritmo quotidiano

3a Anita ist ziemlich sauer und schreibt ihrem Partner Giorgio. Worum geht es? Lesen Sie die Nachricht und vervollständigen Sie die Begründung.

Sono veramente arrabbiata con mia figlia. Con lei va sempre peggio: fa' quello che vuole, non studia... a casa, ovviamente, non aiuta per niente e devo fare tutto io. E stanotte, o meglio, stamattina è tornata appena alle 4.00. E non mi ha neanche telefonato. Così l'ho aspettata sveglia tutta la notte. È veramente troppo! È necessario che qui cambi qualcosa...

Anita è arrabbiata perché

____

____

____

____

Konjunktiv nach unpersönlichen Ausdrücken

Nach unpersönlichen Ausdrücken wie z. B. **è meglio che** oder **è importante / è necessario che** steht das Verb im Konjunktiv.

È meglio che tu **faccia** una pausa.

È necessario che cambi qualcosa.

3b Giorgio hat geantwortet, aber seine SMS ist nicht ganz lesbar. Wie war der Text ursprünglich? Rekonstruieren Sie ihn mithilfe der Wörter aus der Liste.

qualche parte • non arrabbiarti • città • eravamo • andiamo via • faccia

Dai, tesoro, ____________________, è l'età! A 17 anni ____________________ tutti così, un po' ... difficili! Secondo me è meglio che questo fine settimana tu ____________________ una pausa e vada da ____________________, altrimenti la situazione peggiora. Anzi, sai cosa? ____________________ insieme! Passare un fine settimana fuori ____________________ farà benissimo a tutti e due. D'accordo? Adesso cerco dove andare...

3c Giorgio hat Anita mit weiteren Tipps überflutet. Anita ist gerade dabei, sie zu löschen. Was hatte er ihr noch empfohlen?

1. Chiama tua figlia: è meglio che le par ____________________
2. È necessario che voi due vi calm ____________________
3. Stasera ti invito a cena, è meglio che oggi tu esc ____________________
4. È importante che la ragazza capis ____________________

3d Giorgio ist im Internet fündig geworden. Würde dieses Angebot zu Anitas Bedürfnissen passen? Warum?

Tornare in forma alle Terme dei Gigli

Le Terme dei Gigli sono una struttura modernissima, immersa nella bellezza e nella quiete dei boschi dell'Appennino umbro. Da molti anni siamo conosciuti per la cura e il trattamento dei problemi della pelle, grazie alle proprietà terapeutiche dell'acqua delle nostre sorgenti termali. Ma le Terme dei Gigli sono ideali anche per chi cerca una pausa dal ritmo quotidiano e desidera ritrovare uno stile di vita senza stress e tensioni, centrato sulla salute e sul benessere.

Per soddisfare i desideri più diversi abbiamo pensato a varie soluzioni, adatte sia a single, sia a coppie, sia a famiglie con bambini. Ogni mese offriamo dei «pacchetti» a prezzo ridotto con soluzioni interessanti, che Vi permetteranno di conoscere ed apprezzare i nostri servizi extra, dai massaggi alle cure nel centro estetico, dai corsi di ginnastica personalizzata alle iniziative dedicate ai più piccoli. Questo mese Vi raccomandiamo il pacchetto «Relax», programma benessere per un fine settimana, con idromassaggio e sauna, 1 massaggio di 30 minuti ed applicazione di fanghi terapeutici.

Nel prezzo del pacchetto è compreso un piccolo regalo di benvenuto. Asciugamani e accappatoio si possono noleggiare alla cassa.

Ricordiamo a tutti i nostri ospiti che per una questione di igiene nella struttura sono obbligatorie le ciabatte e la cuffia da bagno per l'area piscine.

3e Auf der Website sind an mehreren Stellen Slogans zu finden. Aber einige sind nicht mehr aktuell. Lesen Sie den Werbetext in 3d noch einmal und streichen Sie die Aussagen durch, die falsch sind.

- Nel cuore di un paesaggio naturale e verde.
- Siamo famosi per i trattamenti della pelle.
- Ogni settimana un'offerta speciale!
- Accessori compresi nel pacchetto «Relax».
- A tutti i nostri ospiti un regalo di benvenuto!
- Accesso alle piscine solo con cuffia e ciabatte da bagno.

3f Im Willkommensgeschenk haben Anita und Giorgio einige Naturprodukte gefunden. Entscheiden Sie, wozu sie gut sind, indem Sie die Aufkleber den Beschwerden aus der Liste zuordnen.

problemi del sonno • pelle delicata • influenza • gambe pesanti • asma

1. Pomata all'aloe, ideale per migliorare la circolazione

2. Infuso di valeriana e camomilla, combatte l'insonnia

3. Pastiglie al limone e miele, ideali per i problemi respiratori

4. Tisana di eucalipto e zenzero, contro la febbre e il mal di gola

5. Crema alla malva e camomilla, adatta per pelli sensibili

3g Bevor sie etwas buchen, wollen Anita und Giorgio weiter recherchieren. Lesen Sie diese Rezensionen (Seiten 83 und 84) und ordnen Sie die passenden Sternchen zu, die die Gäste gegeben haben.

**** eccellente • *** molto buono • ** buono • * così così

Nina _______
L'area piscine dovrebbe essere un po' più pulita. Non è necessario che puliscano ogni ora, ma un po' più spesso sì, soprattutto quando ci sono molte persone. La posizione è incantevole, ma questa era l'unica cosa veramente buona. Troppa gente, bambini che gridavano... Non penso di tornarci.

Luigi _______
Ci sono andato con mia moglie un mese fa e ci siamo rimasti una settimana. Che dire? I trattamenti per la pelle sono veramente efficaci, la qualità di pranzi e cene è ottima, il personale è molto disponibile e le camere sono tranquille e gradevoli. In alcune fasce orarie le terme sono più frequentate e c'è più rumore, ma questo è normale. Non capisco le recensioni negative che ho letto su questa pagina, non sono proprio giustificate! Noi ne siamo stati soddisfattissimi.

Lori ______

Questo fine settimana ho voluto portare i miei bambini di 5 e 7 anni. Si sono molto divertiti e hanno giocato tutto il pomeriggio negli spazi riservati ai più piccoli. Però c'era veramente troppa gente. E i prezzi del noleggio asciugamani ecc. sono piuttosto alti (purtroppo avevo dimenticato la borsa con gli accessori a casa). Però non è male: il personale è gentilissimo e la posizione nel verde con le cascate molto rilassante. Penso di tornarci fra qualche settimana.

3h Lesen Sie die Rezensionen noch einmal: Welche Probleme wurden von den Gästen festgestellt? Welche sind die Pluspunkte?

Problemi:

______

______

Aspetti positivi:

______

______

3i Am Ende ihres Aufenthalts will Anita noch einen kurzen Online-Bericht über die Thermen zusammenfassen. Übernehmen Sie das mithilfe der folgenden Notizen.

Comprato Pacchetto «Relax» → piacevole sorpresa 🙂 – anche se solo 1 fine settimana, noi rilassati e contenti. Unico problema: arrivare! Purtroppo spiegazione pagina web non corretta (da marzo cantiere a metà strada, altra strada da fare). Un'ora di ritardo!
Meglio → niente informazioni in Internet, se non aggiornate e che la direzione → controllare spesso pagina web per evitare problemi di questo tipo.
Ma nel complesso 🙂🙂, pensiamo → ritornare in settembre

______

______

G Non una sola lingua

G1 È una parola di origine napoletana

1a **In Italien werden neben der Hochsprache viele Dialekte gesprochen. Lesen Sie die Aussagen unten und wählen Sie den Prozentsatz (a.) und die Gruppe (b.), die Ihrer Meinung nach korrekt sind.**

a. Comunica solo in italiano:
il ☐ 34% ☐ 46% ☐ 68%
della popolazione.

Usa sia l'italiano, sia il dialetto:
il ☐ 33% ☐ 45% ☐ 71%
della popolazione.

Comunica quasi solo in dialetto:
il ☐ 14% ☐ 29% ☐ 39%
della popolazione.

b. Usano il dialetto soprattutto
☐ gli anziani. ☐ i giovani.

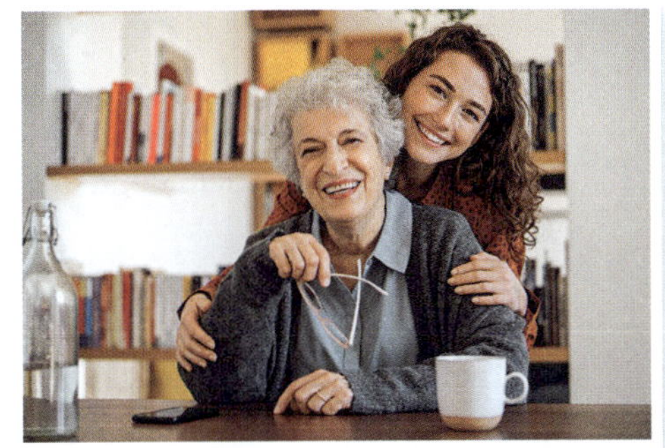

1b **Lesen Sie jetzt den Bericht über den aktuellen Gebrauch der Hochsprache und der Dialekte in Italien. Falls notwendig, korrigieren Sie Ihre Hypothesen in Punkt 1 mithilfe des Textes.**

Circa il 46 % della popolazione usa solo l'italiano in famiglia e in pubblico, mentre più o meno il 33 % ricorre sia all'italiano, sia al dialetto. Il 14 % della popolazione usa quasi sempre il dialetto, sia in contesti privati, sia pubblici.

In generale ricorrono al dialetto più gli anziani dei giovani, ma si è osservato che l'uso unico del dialetto sta diminuendo in tutte le fasce d'età. Il 25 % circa delle persone che possiedono il diploma di scuola media usa quasi solo il dialetto in famiglia, il 33,7 % lo usa con gli amici (le cifre per chi ha la laurea sono rispettivamente del 3,1 % e del 2,7 %).

Nel contesto lavorativo le differenze per età sono meno evidenti: sul posto di lavoro si usa soprattutto l'italiano, anche se resta una percentuale bassa di lavoratori più anziani che sul posto di lavoro ricorre esclusivamente al dialetto.

1c Welche dieser Aussagen ist nicht korrekt? Vergleichen Sie mit den Informationen im Bericht 1b und wählen Sie aus.

1. Metà degli Italiani non parla il dialetto né in privato, né in pubblico.
2. Si è notato che gli Italiani usano sempre meno solo il dialetto.
3. Il 25% delle persone che hanno frequentato l'università usa il dialetto in famiglia.
4. Sul lavoro si preferisce parlare in italiano, anche se alcuni lavoratori meno giovani ricorrono ancora solo al dialetto.

1d Lieben Sie Herausforderungen? Hier finden Sie eine Liste von Wörtern, die im Italienischen weit verbreitet sind, aber ursprünglich aus einem Dialekt stammen. Versuchen Sie, die Beschreibungen dem passenden Wort zuzuordnen.

ciao • scugnizzo • amarcord • gattara • gazzetta • vongola

1. È una parola del dialetto romanesco e indica una donna, di solito anziana, che si occupa dei gatti che vivono liberi in strada: gli porta da mangiare e da bere, controlla il loro stato di salute e collabora con il Comune.
2. È una parola di origine napoletana e indica un ragazzo di strada, vivace e intelligente.
3. Era una formula di saluto in dialetto veneziano e significava «schiavo». Assomiglia per origine e funzione al saluto «servus».

4. La parola, di origine tardo-latina, è passata più tardi al dialetto napoletano. Oggi si usa in tutta l'Italia e indica l'ingrediente di uno squisito piatto a base di pasta.
5. È una parola del dialetto romagnolo che significa «io mi ricordo». È passata all'italiano con il significato di «ricordo del passato pieno di nostalgia» grazie al famoso film dallo stesso titolo che Federico Fellini girò nel 1973.
6. Oggi è il titolo di un giornale nazionale dedicato allo sport, ma in origine era una parola del dialetto veneziano e indicava il nome della moneta d'argento che si pagava per comprare il giornale dallo stesso nome.

1e Ein Institut hat eine Meinungsumfrage durchgeführt; die Antwort eines Befragten hat eine Diskussion ausgelöst. Welche der Aussagen unten trifft am besten die Diskussion im Chat (Seiten 87 und 88) zwischen Stefano und Mimmo?

Che lingue parli?

L'italiano, il dialetto siciliano e l'inglese. Naturalmente a livelli diversi...

Stefano e Mimmo

a. discutono su come si apprende il dialetto;

b. discutono su uno scrittore e sulle sue conoscenze di un dialetto italiano;

c. discutono sulla distinzione fra «lingua» e «dialetto»;

d. discutono sulle regole e i vocaboli di una lingua.

@ Stefano

Ma che risposta ha dato questo?! Il dialetto non è una lingua! Si studia una lingua a scuola e si apprende un dialetto così, parlandolo.

@ Mimmo

Ma perché? A mio parere questo signore ha ragione. In fondo anche un dialetto ha le sue regole e il suo vocabolario. E come un dialetto, si può imparare anche una lingua spontaneamente.

@ Stefano

Ma dai! Le regole del dialetto sono molto più facili. E anche le parole assomigliano molto di più all'italiano. Quelle di una lingua straniera sono spesso diversissime.

@ Mimmo
Ah sì? E allora prova a tradurre questa frase: «No sta bazilar, lo ciogo mi.»

@ Stefano
??

@ Mimmo
È in dialetto triestino e significa: «non importa / non preoccuparti, lo prendo io». Sai che anche James Joyce, il famoso scrittore irlandese, durante il suo soggiorno a Trieste aveva imparato il dialetto e lo usava? E se lo ha imparato lui, avrà avuto dei motivi 🙂 ...

@ Stefano
Io continuo a pensare che una lingua ha altre caratteristiche, molto più complesse. Altrimenti cosa dovrei pensare, che adesso noi, che parliamo in dialetto, siamo tutti poliglotti?!

1f Wer sagt was? Lesen Sie die Diskussion in Übung 1g noch einmal und kreuzen Sie an.

	Stefano	Mimmo
1. Una lingua straniera o un dialetto si possono imparare anche senza frequentare un corso.	☐	☐
2. Solo le lingue si imparano a scuola, i dialetti no.	☐	☐
3. Un famoso scrittore aveva imparato un dialetto italiano.	☐	☐
4. Si riconosce un «dialetto» perché ha regole e vocaboli semplici e vicini all'italiano.	☐	☐
5. Secondo lui anche un dialetto può avere un vocabolario difficile e lo dimostra.	☐	☐

1g Ihre Freundin Monika will am Chat teilnehmen, aber ihr Italienisch ist nicht so gut. Helfen Sie ihr, ihren Beitrag zu posten.

Wo ist das Problem? Einer kann sowohl Dialekt als auch die Hochsprache gut sprechen; aber wichtig → viele gute Sprachbeispiele – schriftlich und mündlich. Z. B.: Wenn in der Familie nur Dialekt gesprochen → notwendig, dass Kinder viel lesen / für sie geeignete Sendungen in der Hochsprache sehen. Aber eins schließt das andere nicht aus! Ganz im Gegenteil: sowohl einen Dialekt als auch die Hochsprache zu sprechen → nur von Vorteil.

@ Monika *Dov'è il problema? Uno può…* ______________________

G2 Quante lingue parli?

2a **Donatella ist Krankenschwester und überlegt, ob sie in der Schweiz arbeiten soll. Lesen Sie die E-Mail, die sie einem Berater geschickt hat. Welche Zweifel hat Donatella? Wofür braucht sie einen Tipp?**

I dubbi di Donatella:

Ha bisogno di un consiglio per:

Gentile Dott. Luht,

avrei bisogno di ulteriori chiarimenti. Il primo punto riguarda le conoscenze linguistiche necessarie. Siccome sono cresciuta nella zona di Trento, oltre all'italiano parlo fluentemente il ladino, che ho sempre usato fin da bambina. In tedesco capisco i punti più importanti di un discorso su temi familiari e riesco a comunicare discretamente, anche se con errori, ma non sono abituata a scriverlo; invece ho ottime conoscenze di francese, perché l'ho studiato per molti anni e lo parlo quotidianamente con il mio ragazzo, che è di Bordeaux. Purtroppo non so esattamente quali competenze si richiedano a livello linguistico e se le mie siano sufficienti. Visto che lavorerei in ospedale, a contatto con pazienti anche anziani, che magari parlano lingue e dialetti diversi, vorrei chiarirlo in anticipo per prepararmi al lavoro nel modo migliore.
Il secondo punto, invece, riguarda la vita in Svizzera. Ho saputo che il costo della vita è decisamente molto più alto che in Italia e ho il dubbio che lo stipendio medio da infermiera non sia sufficiente per coprire le normali spese mensili (bollette, spese condominiali ecc.). Mi sa indicare un/una Suo/Sua collega o anche un'associazione a cui rivolgermi per questi problemi?
Per qualsiasi domanda mi può contattare a questo indirizzo e-mail.

La ringrazio vivamente e resto in attesa di una Sua risposta.

Distinti saluti,

Donatella Vraci

2b Das ist ein Teil von Donatellas Dokumenten. Lesen Sie ihre E-Mail noch einmal und entscheiden Sie, was sie hier geschrieben bzw. angekreuzt hat.

Lingue parlate:	Livello di conoscenza
______________	☐ madrelingua ☐ principiante ☐ discreto ☐ buono ☐ ottimo
______________	☐ madrelingua ☐ principiante ☐ discreto ☐ buono ☐ ottimo
______________	☐ madrelingua ☐ principiante ☐ discreto ☐ buono ☐ ottimo
______________	☐ madrelingua ☐ principiante ☐ discreto ☐ buono ☐ ottimo

2c Suchen Sie in Donatellas E-Mail die Wörter, mit denen sie Folgendes ausdrückt.

1. Sie bittet freundlich um zusätzliche Erklärungen:

____

2. Sie will ihre Anfrage in zwei Teilen strukturieren:

____

3. Sie fragt freundlich, ob ihr eine Person oder ein Verein empfohlen werden kann:

____

4. Sie macht deutlich, wie sie erreichbar ist:

____

5. Sie bedankt sich förmlich und drückt aus, dass sie eine Antwort erwartet:

____

2d Donatellas Berater (siehe Übung 2a) hat ihr einen Infoprospekt geschickt. Vergleichen Sie ihn mit Donatellas Anfrage: Wo könnte sie alle ihre Sprachkenntnisse einsetzen? Warum?

La soluzione migliore per Donatella sarebbe

____

perché ______________________________

Una caratteristica specifica della Svizzera è di avere non una, ma ben quattro lingue ufficiali: il tedesco, il francese, l'italiano e il romancio.

Il tedesco (il dialetto svizzero tedesco) è la lingua più parlata (circa 2/3 della popolazione indica come prima

lingua il tedesco), soprattutto nei Cantoni della Svizzera centrale ed orientale; nelle zone occidentali si parla il francese, mentre l'italiano è parlato nella parte meridionale della Svizzera: nel Canton Ticino, cioè nel Tessin, dove si parlano anche dei dialetti lombardi e a sud-est, nel Cantone dei Grigioni (Kanton Graubünden in tedesco). In quest'ultimo ci sono tre lingue ufficiali: l'italiano, il tedesco e il romancio, una lingua sempre meno diffusa, che ha molti punti in comune con il ladino e il friulano, parlati in Italia nord-orientale.
Il plurilinguismo è stabilito ufficialmente dalla legge e ogni gruppo linguistico ha il diritto di usare la propria lingua per comunicare. A scuola è obbligatorio imparare un'altra lingua nazionale e se anche poi molti la dimenticano, di fatto una buona percentuale della popolazione svizzera è poliglotta.

2e Welche Wörter des Prospekts drücken das gleiche aus?

1. a est: __________
2. a ovest: __________
3. a sud: __________
4. fenomeno per cui in un'area esistono e si parlano molte lingue: __________
5. che si deve (imparare / fare...) per legge: __________
6. una persona che parla molte lingue: __________

2f Donatella saß lange am Computer, um sich über die Schweiz zu informieren. Am Abend fliegen vor ihren Augen immer wieder Satzfetzen umher. Wie waren die ursprünglichen Informationen? Rekonstruieren Sie sie.

Oltre all'italiano nel Canton Ticino

il diritto di scegliere la lingua ufficiale in cui comunicare.

Il romancio assomiglia

Nelle scuole svizzere si imparano

a due lingue che si parlano nel nord-est d'Italia.

In Svizzera ognuno ha

In Svizzera il tedesco è una lingua molto

diffusa, a differenza del romancio, parlato da pochi.

si parlano anche altri dialetti del nord-Italia.

obbligatoriamente altre lingue.

2g **Wie Donatella will auch Ihr Nachbar Martin ausziehen: Er wird ein Praktikum bei einer internationalen Firma in Italien machen. Dafür soll er Herrn Rota, seinen Ansprechpartner, anschreiben. Unterstützen Sie Martin: Lassen Sie sich von Donatellas E-Mail inspirieren (2a bis 2 c) und verfassen Sie die E-Mail für Herrn Rota mithilfe der folgenden Punkte.**

Sehr geehrter Dott. Rota,

ich bräuchte noch zusätzliche Informationen →
1. Punkt → Sprachkompetenzen. Welches Sprachniveau wird für die Arbeit in der Firma verlangt? Ich: Italienisch – noch Anfängerniveau (ich verstehe die Hauptpunkte einer Frage oder eines einfachen Dialogs, aber leider bin ich nicht gewohnt zu sprechen) → noch häufig Schwierigkeiten, wenn ich kommunizieren soll. Französisch – gute Kenntnisse, aber Probleme, wenn mit mir zu schnell und/oder über Fachthemen gesprochen wird. Aber Englisch – sehr gute Kenntnisse, schon seit der Kindheit gelernt, daher vielleicht am Anfang Kommunikation mit den Kollegen/innen auf Englisch.
2. Punkt → Unterkunft. Ich muss noch ein Appartement oder zumindest ein Zimmer finden. Können Sie mir einen Verein empfehlen, an den ich mich wenden kann?

Erreichbar immer unter dieser E-Mail-Adresse. / Ich bedanke mich ... und warte auf Antwort / Mit freundlichen Grüßen

Gentile Dott. Rota,...

G3 Dipende dalla storia

3a **Nicht nur in der Schweiz, auch in Italien werden unterschiedliche Sprachen gesprochen! Gerade haben Sie im Internet einen Artikel darüber gesehen. Lesen Sie ihn: Auf welchen Link haben Sie geklickt, um auf die Seite zu kommen? Konzentrieren Sie sich im Moment nur auf diese Aufgabe, auch wenn nicht alle Wörter klar sein sollten!**

... it/attualità/una realtà varia e complessa: lingue e dialetti sul territorio nazionale/

... it/attualità/i dialetti delle regioni d'Italia/

... it/attualità/quali lingue straniere si parlano in Italia/

In Italia esistono molte «minoranze linguistiche storiche». Quest'espressione ha un significato preciso: indica una piccola parte di popolazione che vive da secoli in un'area italiana specifica, ha una sua identità e parla una lingua diversa dall'italiano. La legge italiana tutela dodici lingue e culture, espressione delle cosiddette «minoranze linguistiche storiche»: albanese, catalano, germanico, greco, sloveno, croato, francese, franco-provenzale, friulano, ladino, occitano e sardo.
In realtà sul territorio nazionale si parlano ancora più lingue, che però non sono sulla lista delle lingue tutelate; il problema è che la discussione sul tema lingua / lingue / dialetti è ancora aperta e non è ben chiaro quali siano le differenze fra una lingua e un dialetto. Così nascono delle situazioni poco chiare: per esempio, nella lista delle minoranze linguistiche storiche italiane troviamo il sardo, la lingua della Sardegna, ma non troviamo il tabarchino, un antico dialetto ligure che, parlato da circa 10.000 persone nel sud-ovest della Sardegna, avrebbe tutti i requisiti per essere una lingua protetta. Il problema è che non è chiaro se il tabarchino sia un dialetto o una lingua. Di fatto ha una storia particolarmente interessante: il nome viene da Tabarca, in Tunisia, dove all'inizio del XVIII secolo viveva un gruppo di pescatori originari della Liguria. Nel 1738 questi si spostarono dalla Tunisia alla Sardegna, nell'arcipelago del Sulcis (nella foto); la comunità ha conservato fino a oggi la propria lingua e la propria cultura, esempio chiaro sia dei «viaggi» che le lingue fanno nel tempo e nello spazio, sia della loro capacità di sopravvivere attraverso i secoli.

3b Im Artikel wurden einige Wörter markiert und in den Fußnoten erklärt. Leider sind die Fußnoten durcheinandergeraten. Mithilfe des Artikels in 3a ordnen Sie die Erklärungen rechts den Wörtern links zu.

a. un pescatore	1. così chiamato/a
b. sopravvivere	2. piccolo gruppo della popolazione che parla una lingua diversa dall'italiano
c. spostarsi	3. proteggere
d. tutelare	4. un gruppo di isole
e. un arcipelago	5. una persona che pratica la pesca
f. cosiddetto	6. continuare a vivere (dopo una situazione critica)
g. una minoranza linguistica	7. muoversi da un posto a un altro

3c Lea, die mit Ihnen Italienisch lernt, hat auch den Text gelesen und möchte wissen, ob sie alles richtig verstanden hat. Sind Sie mit ihrer Zusammenfassung unten einverstanden? Wenn nein, markieren Sie die falschen Aussagen und unterstreichen Sie im Text die richtigen Antworten.

1. Si parla di minoranza storica linguistica quando un gruppo di persone vive da moltissimo tempo in una zona d'Italia, ma parla un'altra lingua.
2. Oltre all'italiano, in Italia si parlano altre dodici lingue.
3. Queste dodici lingue, e le culture che esprimono, sono protette dalla legge.
4. Non è chiaro se «dialetto» e «lingua» siano la stessa cosa.
5. Il tabarchino si parla in Liguria ma è un dialetto sardo.
6. Viaggio del tabarchino: dalla Liguria a Tabarca, in Tunisia; da Tabarca all'arcipelago del Sulcis, nella Sardegna sud-occidentale.
7. Solo dei pescatori parlano oggi il tabarchino.

3d Nach der Lektüre des Prospekts wollen Sie sich einige Notizen machen. Welche Informationen können Sie zu diesen Punkten schreiben?

lingue in Italia (oltre all'italiano):	differenze fra «dialetto» e «lingua»:	sardo:
______	______	______
______	______	______

tabarchino: ______

3e Wie die meisten Sprachen wird auch Italienisch nicht nur in Italien gesprochen. Lesen Sie den Beitrag, der in einer Onlinezeitschrift erschienen ist. Welche Hashtags aus der Liste passen dazu?

oltre i confini • # lingue ufficiali • # scuola di lingue • # storia e lingue • # consolato • # emigrazione • # soggiorni all'estero

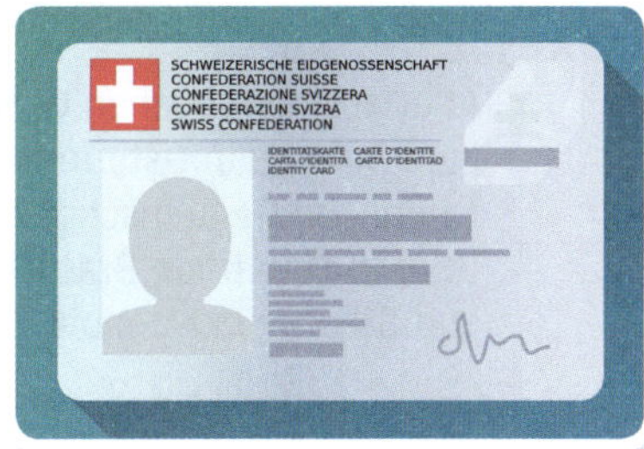

Se una lingua vive e si diffonde oltre le frontiere del Paese, dipende anche dalla storia. Ecco allora che l'italiano non è solo la lingua ufficiale in Italia, nella Repubblica di San Marino e nella Città del Vaticano (insieme al latino); è anche una delle lingue ufficiali dell'Unione Europea (EU), della Svizzera (insieme al tedesco, al francese e al romancio) e di alcune aree soprattutto costiere della Slovenia e della Croazia.
Per ragioni storiche molto diverse, però, è una lingua parlata anche in altre zone del mondo, più o meno lontane: è il caso per esempio del sud della Francia, dal Principato di Monaco a Nizza, dell'Albania o di alcune zone del Nord Africa (in Somalia l'italiano è stato lingua ufficiale fino al 1963); è anche una lingua molto diffusa in Sudamerica, soprattutto in Argentina, così come negli Stati Uniti e in Canada. Anche in Europa, soprattutto in Germania, in Lussemburgo, in Belgio e in Francia ci sono molti italofoni, cioè persone che parlano l'italiano. Il motivo di questa larga diffusione? Il fenomeno dell'emigrazione: nel corso degli anni molti italiani sono emigrati soprattutto in Sudamerica, in particolare in Argentina, negli Usa e in Canada, ma anche in alcuni paesi europei, portando con sé e diffondendo la loro lingua e cultura.

3f Helfen Sie sich mit dem Text oben und streichen Sie die Länder durch, in denen Sie Ihre Italienischkenntnisse wohl nicht so schnell einsetzen können.

Belgio • Ungheria • Albania • Alto Adige • Repubblica Ceca • Lussemburgo • Russia • Slovacchia • Sudafrica • Canada • Argentina • Polonia

3g Ihre italienischen Freunde möchten wissen, wo überall Deutsch gesprochen wird. Schreiben Sie einen kurzen Infotext mithilfe der folgenden Informationen.

- Deutsch → Amtssprache in Deutschland, Österreich und Liechtenstein und eine der Amtssprachen der EU, der Schweiz, Belgiens und Luxemburgs.
- Aber aus historischen Gründen → Deutsch in vielen anderen Ländern gesprochen, zum Beispiel in Osteuropa, wie Rumänien, Ungarn, Polen. Außerhalb der EU gibt es zahlreiche Gemeinschaften von Deutschsprachigen in Russland und vor allem in den USA, in Südafrika, Brasilien. Deutsch wird auch immer noch in einigen Gegenden und Städten in Namibia gesprochen.
- Und in Italien? Deutsch + Italienisch + teilweise Ladinisch (ladino) → Amtssprache in Südtirol; weitere germanische Dialekte werden in einigen Tälern der Alpen gesprochen.

Il tedesco è la lingua…

Lösungen

A Punti forti, punti deboli

A1 È il lavoro giusto?

1a Der Titel "La felicità è un lavoro sicuro" passt nicht.

1b 1. vero; 2. falso; 3. falso; 4. vero

1c 1. Leo; 2. Iggy; 3. Eva; 4. Mara

1d 1. Io non sono d'accordo. [...] Per me...; (Mi dispiace, ma) non sono assolutamente d'accordo con te. Secondo me...
2. Cioè vuoi dire che...?
3. Sì, va bene, però... ; (Non so,) è possibile, però...
4. Non è questo il punto [...] secondo me...

1e [...]
- ● *Sì, è vero, però secondo me* poi ti annoieresti.
- ■ *Non so, è possibile, però* per me lavorare con un team è molto faticoso.
- ● *Cioè vuoi dire che* preferiresti lavorare sola?
- ■ *No, non è questo il punto.* Ma un team funziona se tutti sono responsabili e precisi. [...]

1f **Mögliche Lösung**
[...]
- ◆ *Come "troppo altruista e generosa"? Cioè... vuoi dire che fai il lavoro / che lavori per tutti?*
- ■ Esatto! E per questo esco sempre troppo tardi dall'ufficio.
- ◆ *Sì, va bene, però fai anche una lunga pausa-pranzo / pausa a pranzo / pausa a mezzogiorno.*
- ■ Beh, ma la pausa è necessaria!!
- ◆ *Non è questo il punto. Forse potresti fare una pausa più corta / più breve e così potresti uscire prima.*

[...]

A2 Credo di essere affidabile

2a 2. essere capaci di; 3. essere bravi/e in / a; 4. essere negati/e per

2b 1. è in possesso dei seguenti requisiti
2. esperienza lavorativa
3. ottime capacità organizzative
4. talento per le relazioni umane

2c **Mögliche Lösung**
Antonia è portata per l'informatica / è brava in informatica; ha buone capacità organizzative / è capace di / sa organizzarsi bene; è anche brava nei lavori manuali / è portata per i lavori manuali (per esempio è capace di / riesce a riparare un lavandino).
Non è portata per le lingue straniere / per lo sport; non è brava nelle lingue straniere / nello sport / è negata per lo sport.

2d Secondo Antonia gli stipendi sono / potrebbero essere più bassi della media. Non è sicura che paghino bene / che l'impresa paghi bene.
Secondo Paolo Antonia dovrebbe scrivere e mandare subito il curriculum. E non dovrebbe preoccuparsi (ancora) per lo stipendio.

2e Antonia pensa che *sia proprio il lavoro adatto a lei.* Crede di *essere positiva e affidabile.* Non è sicura che *paghino bene.* Secondo lei *gli stipendi sono più bassi della media.*
Paolo non crede che *ci siano molte persone con un profilo simile;* non crede che *la ditta voglia aspettare fino ad agosto.* Pensa che *la ditta abbia fretta* / Pensa che *abbiano fretta di trovare qualcuno.*

2f Antonia crede che i manager sicuramente non decidano entro agosto. Pensa / Crede che abbiano bisogno di più tempo. Non crede di / non pensa di / non è sicura di parlare / di sapere bene l'inglese / Pensa di non parlare bene l'inglese / Pensa di parlare male l'inglese. Non è sicura che sia un lavoro veramente interessante. Pensa / Crede che gli affitti a Bologna siano troppo cari.

2g **Adjektive im Text auf Seite 7:** positivo, ottimista, nervoso, timido, introverso, paziente, socievole, altruista, generoso, saggio, equilibrato, creativo, preciso, affidabile
Personenbeschreibung: *Individuelle Lösung.*

A3 Cari colleghi...

3a [*1*] Cari colleghi,
da qualche anno l'ultimo venerdì di giugno si festeggia [*2*] la Giornata Mondiale dei cani in ufficio. In questo giorno sempre più imprese permettono di portare i [*3*] cani sul posto di lavoro. Sembra infatti che [*4*] la presenza di un cane in ufficio abbia molti vantaggi: rilassa, migliora l'umore e la motivazione di chi ci [*5*] lavora. Per la prima volta abbiamo deciso anche noi di [*6*] partecipare all'iniziativa: venerdì chi lo desidera potrà portare il proprio cane in ufficio. Importante: tutti i colleghi presenti nella stessa stanza dovranno essere [*7*] d'accordo con la presenza dell'animale in ufficio. Se qualcuno soffre di allergia e / o ha paura dei cani, e non [*8*] è possibile trovare una soluzione adatta a tutti, Vi chiediamo gentilmente di [*9*] rinunciare a portare il cane in ufficio. Ogni cane dovrà avere a disposizione acqua e cibo. Vi preghiamo di portarlo a [*10*] fare la passeggiata prima o dopo il lavoro (una breve uscita con il cane durante l'orario di lavoro è possibile solo in casi eccezionali). Vi chiediamo anche di rispettare [*11*] alcune regole: i cani non devono disturbare gli altri colleghi e non possono entrare in alcune aree specifiche, come le mense, [*12*] le sale riunioni e i bagni. La cosa migliore è tenere il cane nel proprio ufficio, dove [*13*] potrà muoversi liberamente.
Per ulteriori dettagli e per eventuali domande siamo a Vostra disposizione.

3b **Grün:**
Con il proprio cane in ufficio uno è più tranquillo.
Non deve restare solo a casa per ore.
Si abitua a persone e ambienti diversi.
Un cane in ufficio aumenta la motivazione.

Rot:
L'animale si annoierebbe perché non può seguire i suoi ritmi.
Deve restare troppo tempo fermo sotto la scrivania.
È un rischio per le persone che soffrono di allergia.
Non tutti sono entusiasti di avere un animale vicino.
È più difficile concentrarsi sul lavoro.
Un cane abbaia e fa rumore.
Se ci sono altri cani nella stanza, potrebbe essere un problema.
Un animale può portare malattie.

3c Caro Franco,
grazie per l'informazione. Però non credo che sia una buona idea portare il tuo cane in ufficio: purtroppo soffro di / ho un'allergia! Ho già pensato a delle soluzioni possibili / a possibili soluzioni: tenere / lasciare le finestre aperte, aumentare la distanza fra le scrivanie, ma non sono sicuro che bastino / che siano sufficienti. Credo però che venerdì la segretaria non lavori, quindi il suo ufficio è libero. Potrebbe essere la / una soluzione.
Mi informo e ti so dire / e ti riscrivo / e ti chiamo.
Cari saluti / Tanti saluti,
Alessandro

B Ci sono stati dei problemi

B1 Avevamo deciso di fare una vacanza

1a A: 4; B: 5; C: x; D: 2; E: 1; F: 3

1b 1. Nadia e suo marito volevano fare una vacanza «slow» in mezzo alla natura.
2. Hanno seguito un breve corso per conoscere gli animali e per sapere come comportarsi con loro.
3. L'asino aveva capito subito che Nadia non aveva nessuna esperienza e che aveva un po' paura di lui.
4. Hanno deciso di interrompere il viaggio perché erano cominciati forti temporali e anche perché erano rimasti solo con un cellulare.
5. Nadia consiglia di prenotare il tour con la guida. / Nadia pensa che sia meglio prenotare il tour con la guida.

1c **1. trapassato prossimo:** avevamo deciso; erano già fissati; eravamo rimasti; si era rotto
2. passato prossimo: abbiamo scelto; abbiamo trovato; abbiamo seguito; è andato; ha capito; non è stato; ha dovuto fare attenzione e concentrarsi; è [...] cambiato; sono cominciati; abbiamo deciso; sono stati gentilissimi; sono venuti a prendere; ci hanno riportato indietro; è stata; è stato
3. imperfetto: noleggiava; non avevo; avevo; era; era; faceva; voleva; voleva; aveva

1d 1. eravamo, abbiamo visto
2. aveva già chiuso, è stato, ha preparato
3. avevamo, abbiamo visitato
4. è stata, c'eravamo stati
5. avevamo prenotato, siamo arrivati, c'era

1e **Mögliche Lösung**
All'inizio dell'anno avevamo deciso di fare in ottobre un viaggio di cinque giorni in barca a vela all'isola d'Elba con una coppia di amici. All'inizio il viaggio è andato bene, anche se c'era un po' di vento e il cielo era nuvoloso. Il terzo giorno però il tempo è cambiato. Quando improvvisamente abbiamo visto nuvole nere, abbiamo deciso di ritornare a Portoferraio. Il porto era già davanti a noi / era già in vista / era già visibile, quando è arrivato un forte temporale. Abbiamo notato / abbiamo trovato dell'acqua in barca. Non abbiamo aspettato troppo, abbiamo telefonato alla Guardia Costiera perché avevamo paura. È arrivata / Sono arrivati subito e con il suo / loro aiuto siamo ritornati al porto. Questa volta a noi non è successo niente / A noi questa volta non è successo niente, ma siamo stati decisamente / veramente poco prudenti / imprudenti. Consiglio a tutti di non comportarsi come noi / di non fare come noi, di fare attenzione alle previsioni del tempo e di avere sempre con sé il numero della Guardia Costiera!

B2 Leggerissima e robusta

2a 1. zaino, scarponi, bastoncini (da trekking); 2. pettine; 3. piumino; 4. lampada da viaggio; 5. specchio; 6. fiammiferi, accendino; 7. sapone, shampoo; 8. coperta; 9. diario
Nicht im Gepäck von Nadia enthalten sind: lampada da viaggio, specchio, pettine, sapone, shampoo, fiammiferi, diario.

2b 1. no; 2. sì (lo specchio); 3. sì (lo zaino); 4. sì; 5. sì

2c *Quadrato*, di piccole dimensioni (20 x 20), di puro *cotone*.
Di *legno*, *rotondo* e leggero, ideale per gli amici della natura.
Rettangolari, di *cartone* riciclato, colorate e robuste.
Di *plastica*, pratiche e comode, in vari colori.
Di forma *triangolare*, in *tessuto* resistente alla pioggia, solo € 109,99. Leggera da trasportare, si monta rapidamente.
Altezza: 2,80 profondità: 160, *larghezza*: 2,50

L

2d [1] Leggerissima e robusta, la lampada da lettura *Piuma* pesa [2] solo 80 grammi e con 15 centimetri di [3] altezza occupa meno spazio di un libro. Si può [4] adattare facilmente a ogni tipo di bagaglio. Ideale per [5] la lettura, la scrittura, il lavoro, si fissa rapidamente [6] dappertutto. Caricata completamente, assicura 7 ore [7] di luce continua. Particolarmente comoda: non è necessario [8] sostituire la batteria. Garanzia: 1 anno. In caso di problemi ti [9] rimborseremo o sostituiremo la lampada con una di valore uguale.

2e **Mögliche Lösung**
Vendo
tenda per due persone / a due posti, (di forma) rotonda, marrone e verde, resistente al vento e alla pioggia, come nuova per soli 65 euro. Facile da montare. Particolarmente pratica, pesa soli 3,5 kg / con soli 3,5 kg di peso. Altezza: 110, profondità: 145, larghezza: 205
robusto e pratico mobile da campeggio / per il campeggio, (di forma) rettangolare, (di) colore grigio, di / in legno e metallo, ottima qualità. Leggero da trasportare (pesa solo 6,9 kg / chilogrammi). Altezza: 95, larghezza: 60, profondità: 52. Prezzo: € 54

B3 Chiedo cortesemente il rimborso

3a *Ihre persönliche Einschätzung.*

3b Die Pressemeldung vertritt Position 2.

3c **È possibile / È probabile...**
che in futuro la situazione cambi.
che la gente compri sempre più online.
che i clienti più anziani abbiano maggiori difficoltà.
che la pubblicità su carta sia più cara.

Si è notato...
che i piccoli negozi di quartiere hanno sempre più problemi.
che la maggior parte dei negozi ha anche una pagina web.
che un sistema di pubblicità integrato (carta + web) è più efficace.

3d 1. imballaggio rovinato; 2. merce sbagliata / difettosa; 3. ritardo nella consegna

3e Data dell'ordine: *27 aprile 202...*
Numero dell'ordine: *493439*
Motivo del reso: ☒ L'articolo è sbagliato.; ☒ L'imballaggio era rovinato.; ☒ altro: *consegna in ritardo / pacco arrivato in ritardo*

3f 1. Gentili Signore e Signori,... / Distinti saluti,...
2. Purtroppo ci sono stati (da subito) dei problemi...
3. per prima cosa... poi ... infine
4. (non desidero... ma) chiedo cortesemente...
5. Dato che... visto che...
6. Ringrazio per l'attenzione e rimango in attesa di una Vostra risposta.

3g Gentili Signore e Signori,
lo scorso 15 dicembre ho acquistato sul vostro sito un paio di scarpe da trekking da donna della marca YZeta (ordine Nr. 493439), che volevo regalare a Natale a mia moglie / come regalo di Natale per mia moglie.
Purtroppo ci sono stati da subito dei problemi: per prima cosa il pacco è arrivato con due settimane di ritardo; poi lo hanno lasciato davanti al portone, in strada; infine quando ho aperto il pacco, ho visto che le scarpe erano della misura sbagliata / ho trovato delle scarpe della misura sbagliata.
Dato che ci sono stati troppi problemi e visto / dato che ormai è tardi, non desidero la sostituzione dell'articolo, ma chiedo cortesemente il rimborso completo (della somma pagata). Spedisco oggi stesso le scarpe con il formulario alla Vs. ditta.
Ringrazio per l'attenzione e rimango in attesa di una Vostra risposta.
Distinti saluti,

C Istruzioni per vivere insieme

C1 Tanti mondi, tante culture

1a **A:** Quante culture ci sono a casa tua?
B: La ricetta per il successo? Pazienza e fatica
C: Basterebbe così poco per evitare problemi!

1b 1. falso; 2. vero; 3. falso; 4. falso; 5. vero; 6. falso

1c **A:** convivenza fra culture, generazioni diverse, passato e presente
B: famiglia patchwork, convivenza fra culture
C: convivere in condominio, convivenza fra culture, problemi fra vicini

1d In Übung 1a hat Lucio (Situation B) ein ähnliches Problem wie Alice gehabt (Patchwork-Familie aus verschiedenen Kulturen).
Sätze, die beim Verständnis helfen:
A me i ragazzi sono sembrati simpatici, solo molto timidi. Invece mio figlio non ne era entusiasta.
È normale. Pensa alla situazione: conosci per la prima volta i tuoi nuovi fratelli... che sono però già adolescenti, parlano un'altra lingua e fanno una vita completamente diversa!
[...]
Devo ancora abituarmi a loro, alle loro abitudini e al loro stile.

1e 1. Alice si preoccupa perché lei si deve abituare a stili diversi di vita.
2. Alice ha paura di non comprendere i bisogni dei ragazzi.
3. Mauro pensa che la gaffe di Alice non sia un problema.

1f 1. ho paura che... / ho paura di...
2. sta' tranquilla / non ti preoccupare
3. non importa / non è grave

1g
- ● Ma che cosa temi?
- ■ Prima di tutto ho paura che Louis *non mi dia il tempo* di abituarmi alla nuova situazione e poi che noi due *cominciamo a litigare* per i ragazzi.
- ● Cioè hai paura *che il vostro amore finisca*?
- ■ Questo no, ma ovviamente temo che mio figlio *non si trovi bene* con Louis e i suoi figli. Insomma, ho paura *di fare un caos e perdere* tutto!
- ● Ma dai, non *ti preoccupare*! Piuttosto: ci troviamo domani sera per un aperitivo?
- ■ Mauro, scusa, ma in questo periodo proprio non ho tempo! ☹
- ● Beh, *non importa*! Ci proverò di nuovo... ☺

1h Soprattutto all'inizio bisogna dedicare più tempo alla famiglia.
Si devono osservare i ragazzi per capire i loro bisogni e interessi.
Si dovrebbe passare più tempo con loro, se possibile.
Si deve curare la qualità del tempo passato insieme.
Anche se si hanno molti impegni, non bisogna dimenticare il partner!
In casa occorre avere una buona organizzazione.

1i Ciao a tutti, vorrei condividere alcuni consigli che secondo me possono risultare utili. Per cominciare, si devono dividere i lavori di casa con tutti, così è subito chiaro / è chiaro subito chi fa che cosa.
Bisogna / Si deve / Occorre essere tolleranti e pazienti.
Se un comportamento non va bene, non si deve / non bisogna tacere, ma non occorre / non si deve neanche litigare: bisogna / si deve discutere insieme, gentilmente ma con decisione.

C2 Sono veramente felice che...

2a / 2b *1* Da qualche mese in classe ci occupiamo di un nuovo tema: il problema della spazzatura in città, come ridurla e aiutare a migliorare la vita in città e sulla Terra. La maggior parte di noi è abituata a riciclare la spazzatura già a casa, però *ci siamo accorti che in città molti cittadini ancora non riciclano i materiali o gettano nella spazzatura oggetti che si dovrebbero portare ai centri specializzati.* **(Foto C)**

2 Eravamo veramente sorpresi: questi comportamenti peggiorano la qualità della vita di tutti e creano danni all'ambiente. *Bisogna anche dire che molte volte i cassonetti sono troppo pieni, così la gente alla fine lascia la spazzatura fuori del cassonetto, con il risultato che aumentano ratti e altri animali.* **(Foto A)**

3 Abbiamo anche notato che certe volte è veramente difficile capire come riciclare correttamente. *Per esempio dove si butta il cartone sporco della pizza? Nel cassonetto della carta o nella spazzatura normale / indifferenziata?* **(Foto D)** Ci siamo informati sul sito del Comune e così abbiamo chiarito i nostri dubbi.

4 Per finire, una parte del nostro progetto era dedicata al tema «Nuovi usi di vecchi oggetti». È stato molto divertente: *con l'aiuto del nostro prof abbiamo preso delle vecchie bottiglie e costruito delle lampade che funzionavano perfettamente.* **(Foto B)**

5 Eravamo felicissimi! Adesso ognuno di noi ha sul comodino la «sua» lampada: un ricordo del nostro progetto e dell'importanza di rispettare e proteggere l'ambiente.

2c Giulia si riferisce a un'informazione falsa perché da nessuna parte si parla del **fascino** degli oggetti vintage.

2d **Sentimenti positivi:** sono veramente felice che...; mi fa piacere che...

Sentimenti negativi: è triste che...; mi dispiace che...; non sono per niente felice che...

Speranze: spero (solo) che...; speriamo che...

Infobox: Nach Ausdrücken, die Gefühle oder Hoffnungen ausdrücken, wird im Italienischen der Konjunktiv verwendet.

2e ci occupiamo; rispettino; metta; cerchi; dia

2f **Mögliche Lösung**

Ciao Paolo,
ti mando il link di un sito web che ho trovato per caso. Gli autori sono ragazzi di scuola media e l'articolo è veramente scritto bene. Sono felice che i ragazzi siano così attivi e che nelle scuole si discuta di questo problema. È triste che ancora troppo poca gente si preoccupi dell'ambiente. Speriamo solo che con il tempo la situazione nel mondo migliori e che dappertutto la gente impari a rispettare e a curare l'ambiente.
Tanti saluti
...

C3 Un quartiere *smart*

3a **Problemi:** inquinamento dell'aria; poche aree verdi; inquinamento acustico; mancanza di alloggi; pochi parcheggi; affitti di case e appartamenti molto cari; traffico intenso con code e rallentamenti; contatti sociali difficili

3b **Problemi:** inquinamento dell'aria; poche aree verdi; traffico intenso con code e rallentamenti

3c **Mobilità:** solo veicoli elettrici e biciclette; un sistema di piste ciclabili che collegano il quartiere al centro città; un servizio di car sharing con auto elettriche prenotabili attraverso un'app

Sicurezza: sistema di videocamere

Salute e tempo libero: un nuovo parco (il Parco Fiorito), facilmente raggiungibile e ideale per tutte le età, con 8 aree dedicate allo sport e un'area centrale che ospita un mercato a chilometro zero, con frutta e verdura della regione

Socialità e cultura: il nuovo Palazzo Puccini, dedicato a manifestazioni e incontri culturali

Wi-Fi: servizio di Wi-Fi gratuito

3d 2. pista ciclabile
3. prenotabile
4. raggiungibile
5. mercato a chilometro zero

3e Luigi è contento perché trova il Parco *bellissimo.*

Luca non vuole più perdere il suo tempo per il Comune perché *ci ha già provato tre anni fa e a suo parere / secondo lui è impossibile / crede che sia impossibile fare qualcosa per i cittadini.*

Secondo *Alex* se i cittadini si organizzassero, *avrebbero sicuramente dei risultati.*

RdR protesta perché il Comune pensa *agli affitti delle sale conferenze e a migliorare la vita di imprese e ditte* ma non *alla gente normale, che paga affitti troppo alti per appartamenti piccoli e vecchi.*

Luna parteciperebbe se *avesse meno anni.*

3f 1. – c. 4. – b.
2. – e. 5. – d.
3. – a.

3g Noi abbiamo tanti desideri. Se potessimo, inviteremmo tutti gli abitanti del nostro quartiere, per presentare novità come la pista ciclabile, la nuova viabilità e il ricco programma culturale di Palazzo Puccini...

Se ne avessimo l'occasione, parleremmo personalmente con tutti voi, per capire i Vostri bisogni / le Vostre esigenze e ascoltare le Vostre idee / i Vostri suggerimenti. Se (fosse) possibile, vorremmo realizzare tutti i Vostri sogni!

Per questo abbiamo organizzato / pensato a una festa: sabato 14 aprile invitiamo tutti gli abitanti del quartiere alla Festa di Parco Fiorito, un'occasione per festeggiare insieme l'apertura del parco, per conoscere meglio le novità del nostro quartiere e per discutere insieme sullo sviluppo futuro.

Vi aspettiamo! Per ulteriori informazioni potete cliccare qui.

D M'informo, leggo, guardo...

D1 Sono vere o no?

1a Fonte – c.; Pubblicare – d.; Condividere – e.; Notizia virale – f.; Sito – a., Verificare – b.

1b Gabi ist auf *.../infonews/come_informarsi_bene/*

1c Una «bufala» è una notizia falsa.
Nome del sito → Il sito può avere un nome quasi uguale a quello di un sito o anche di un canale reale, solo che questa volta il nome ha una lettera in più o in meno. Il problema è che questo sito o canale non esiste.
Gli «esperti» e i loro studi → Se nell'articolo si parla di esperti e dei loro studi, si deve / bisogna cercarli nei diversi siti ufficiali / è consigliabile cercarli nei diversi siti ufficiali. Se non si trova nessuna notizia, è meglio essere prudenti.
Errori e notizie in rete → Spesso le bufale sono scritte male, con errori di grammatica e di scrittura. È difficile che questo succeda su un sito ufficiale, in cui le notizie vengono controllate più volte prima di pubblicarle.
Condividere una notizia → Se qualcuno chiede di condividere subito una notizia / un'informazione, perché rischia di sparire dall'Internet o qualcuno la vuole cancellare, bisogna / si deve fare attenzione e controllare la fonte.

1d Azioni in Internet: leggere (in rete), verificare, cercare, pubblicare, condividere, cancellare Elementi dell'Internet: la rete, il canale, il sito, la fonte

1e 1. – c. 3. – a. 2. – d. 4. – b.

1f Gentile Signora,
La dobbiamo informare che purtroppo abbiamo trovato qualche problema / alcuni problemi nel Suo conto. Per evitare problemi ancora più gravi, è necessario che Lei si metta in contatto con noi. Lo faccia subito, perché è veramente urgente.
Se non è possibile, allora clicchi qui: troverà le istruzioni per mettersi in contatto con la sede principale della nostra banca.
Cordiali / Distinti saluti,

1g Lupo, Angela und Bianca geben konkrete Tipps; Davide erzählt nur über seine Erfahrung; Riccardo ist der Administrator.

1h Angela und Leone duzen Emilio: Se ti arriva... telefona...chiedigli / Vuoi che...? Dimentica... Buttalo.
Lupo und Bianca siezen Emilio: Non ne apra mai uno... Osservi bene..., legga il testo... non lo faccia quando... / La controlli bene.

1i Non fare mai l'errore di leggere un'e-mail distrattamente / senza fare attenzione, piuttosto leggila più tardi e controllala attentamente / con attenzione.
Osserva bene / attentamente i dettagli, leggili con calma.
Non hai un programma antivirus? Compralo subito!
Hai degli amici che sono bravi con il computer / che conoscono bene i computer? Chiamali / Telefonagli e chiedigli aiuto / e pregali di aiutarti.

D2 Quanti libri leggi?

2a Una libreria ha deciso di proporre un sondaggio, perché vuole conoscere meglio i suoi clienti, i loro gusti e le loro abitudini / di proporre un questionario ai suoi clienti, perché ne vuole conoscere meglio i gusti e le abitudini.
I clienti dovranno dedicare un paio di minuti alle domande di un questionario / dovranno rispondere alle domande di un questionario e poi / dopo (potranno) leggere il profilo che corrisponde alle risposte date.
Chi risponderà potrà partecipare al gioco finale: il 30 del corrente mese cinque clienti fortunati fra quelli che hanno partecipato al questionario vinceranno un buono pari a un valore di € 50.
La libreria offre anche altri servizi: da quest'anno è aperta no stop tutta la settimana tranne la domenica dalle 9:00 alle 20:00; i clienti trovano / c'è anche una caffetteria aperta dalle 9.00 alle 19.00 e tante altre possibilità per rilassarsi e godersi una pausa tranquilla.

2b 1. vero; 2. vero; 3. falso; 4. vero; 5. falso

2c Zu Franco passt Profil B: ein ziemlich „starker“ Leser; sicher und selbstständig bei der Bücherwahl.

2d frequenza delle visite alla libreria, abitudini di lettura, criteri nello scegliere un libro, generi preferiti dai lettori, altri servizi desiderati

2e 1. La nostra classifica: i libri **più** venduti della settimana.
2. (...) ecco il libro **meno** noioso del mese!
3. La settimana più pazza **dell'**anno! Tutti i libri in offerta con il 15% di sconto!
4. **I** romanzi più **originali** (secondo i nostri lettori).
5. **Il** difetto **peggiore** di sempre? Non leggere ;-)!
6. Scopri **le** novità **più** interessanti del mese.
7. Ecco cosa dicono i nostri lettori: siamo **la** libreria **più** accogliente **del** quartiere.
Il posto **migliore** dove rilassarsi? Da noi!

2f È leggermente cresciuto il numero dei nostri lettori (soprattutto donne e giovani) che leggono almeno tre libri all'anno, mentre la percentuale dei lettori forti, cioè delle persone che leggono più di 10 libri all'anno, non è cambiata molto e non supera il 15,2%.

L'e-book ancora non è molto diffuso: anche se quasi la metà dei libri stampati oggigiorno è disponibile in rete in formato e-book, solo l'11% dei nostri lettori ricorre al libro in formato digitale. Gli utenti dell'e-book sono soprattutto i giovani fra i 20 e i 25 anni.
Nella nostra libreria i generi di libri più letti restano i romanzi gialli e i saggi. Si nota un interesse crescente per i libri di fumetti e graphic novel. I libri meno cercati sembrano essere i romanzi rosa. La maggior parte dei clienti desiderebbe trovare più libri dedicati al viaggio. Una parte minore si interessa alla letteratura, alla fotografia e al cinema. Alla domanda su che cosa vorrebbero ancora trovare nei nostri locali, il 55% dei clienti ha scelto i corsi di scrittura creativa; il 20% desidererebbe invece delle iniziative per avvicinare alla lettura bimbi e ragazzi.

2g Franco è decisamente un lettore forte, perché va in libreria molto spesso, più di due / tre volte al mese e legge più di 10 libri all'anno. Non ha posti o momenti preferiti, legge sempre quando può e ha un momento di tempo. Non ama gli e-book, preferisce il libro cartaceo. Per scegliere i libri si aiuta con le recensioni o con le liste dei libri più venduti. Oppure legge la trama, sfoglia il libro e poi decide se comprarlo / se acquistarlo. Per lui i libri più interessanti sono i (romanzi) gialli, i romanzi storici e i saggi. Gli piacerebbe trovare più guide e letteratura di viaggio e sarebbe felice se la libreria offrisse / desse anche corsi di scrittura creativa.

D3 Ho letto un'ottima recensione

3a Abteilung: Storia e biografie
Einführung: B.; Inhaltszusammenfassung: 1: D, 2: C; Schluss: A

3b **Einführung:** Da qualche giorno è in vetrina...; **Zusammenfassung des Inhalts:** Già dalle prime pagine, infatti, la storia risulta avvincente...; Alla fine ne esce... **Schluss:** È il regalo perfetto non solo per ... ma anche per...

3c ~~L'autore è uno storico.~~ / L'autore lavora con i metodi di uno storico.
È un libro appassionante come un libro di avventure. / ~~È un libro pieno di avventure.~~
Il libro descrive il giocatore e ancora di più l'uomo Maradona. / ~~Nel libro si parla di un ritratto di Maradona.~~
~~È un regalo perfetto per gli amanti del calcio e dei romanzi.~~ / È un regalo perfetto per gli amanti del calcio e delle vite non comuni.

3d **Mögliche Lösung**
Ciao Marino! Penso che il libro sia un'ottima idea / Secondo me il libro è un'ottima idea / un'idea molto buona, dato che / perché Franco è la persona più felice del mondo quando ha un libro in mano.
Purtroppo però / Ma purtroppo non credo che questo libro sia adatto, perché a Franco non piacciono / perché Franco non ama né lo sport né le biografie.
Però alcuni giorni fa / qualche giorno fa / un paio di giorni fa abbiamo partecipato insieme al sondaggio di una libreria e adesso forse ho un'idea più precisa di che cosa gli potrebbe piacere. Ne potremmo / Ne possiamo parlare stasera. E se domani tornassi un po' prima dal lavoro, potremmo andare insieme in libreria e / per / a cercare il regalo, sarebbe la cosa migliore!

3e L'autore racconta le vicende / le storie e le esperienze del suo avvincente viaggio per / attraverso l'Italia alla scoperta del cibo della tradizione / dei cibi tradizionali. Durante / Per tutta l'estate (il signor) Hennz ha evitato i ristoranti più conosciuti e invece ha cercato / ha cercato invece con pazienza e passione vecchie osterie, (ha) provato (il) cibo di strada, (ha) scoperto ingredienti e ricette quasi sconosciuti / che pochissimi conoscono / che ormai pochi conoscono. Durante le tappe ha parlato con tanta gente interessante, che lo ha aiutato / con tante persone interessanti, che lo hanno aiutato con entusiasmo in questo viaggio affascinante attraverso lo "Stivale". (Il risultato? Un libro molto interessante / interessantissimo su cucina e cultura, su gente e viaggi, su novità e tradizione, che risveglia subito la voglia di partire per un viaggio simile.)

3f 1. Marino non è d'accordo perché crede che il libro possa essere una lettura avvincente per lui ma non per Franco, che preferirebbe più il cibo che un libro sul cibo.
2. Armando non è d'accordo perché pensa che Franco ami la letteratura di viaggio ma non si interessi di gastronomia / non abbia interesse per la gastronomia.
3. Mina è d'accordo ma propone di fargli ancora un altro regalo, per esempio un buono in un ristorante o un bel cesto pieno di specialità.

3g Ha ragione Mina, ho visto che Franco sfoglia spesso libri e riviste di gastronomia; l'altro ieri ha seguito tutta la sera una gara di cucina alla TV... / è rimasto tutta la sera davanti alla TV per seguire una gara di cucina... Perché non gli regaliamo il libro e lo invitiamo con sua moglie...? / Gli potremmo regalare il libro e lo potremmo invitare con sua moglie 'da Oreste' per una cena tutti insieme. In alternativa avrei ancora un'idea: un nuovo romanzo, so che ieri Franco ha letto dei commenti e poi la recensione su una pagina web / online, (e) ne era entusiasta... Compriamo questo libro e lo / glielo regaliamo / diamo / consegniamo durante la cena?

D4 Il libro è diventato un film di successo

4a Foto D – Foto C – Foto A – Foto B

4b 1. vero; 2. vero; 3. falso; 4. falso; 5. vero; 6. vero

4c In mezzo alla strada un ragazzo su una bicicletta *passa* veloce davanti alla gente seduta al bar. Zoom sulla protagonista: sembra più triste delle persone intorno, beve il caffè, poi improvvisamente *vede* qualcosa... Cambio prospettiva / altro zoom: un uomo anziano, vivace, con cuffie in testa e zaino, *cerca* qualcosa nel cellulare: *sembra* felice e sereno. *È* un attimo, lei *riconosce* subito l'uomo.
Lo *guarda* ancora con aria indecisa, non sa cosa fare, è nervosa... *Ha* paura e *decide* di aspettare.

4d

	Roberto	Paola
Film:	*ritmo dinamico, fotografia fantastica, attori eccezionali, regia ottima, colonna sonora originale*	*banale, noioso, inguardabile*
Libro:	*noiosissimo, un vero mattone, ritmo molto lento, descrizioni troppo complesse, dialoghi troppo lunghi*	*un capolavoro, trama avvincente, descrizioni dei personaggi affascinanti, dialoghi efficaci e mai banali, ritmo lento perfetto per la storia*

4e 1. una pizza; 2. un mattone; 3. un capolavoro; 4. inguardabile; 5. eccezionali

4f Kreis links: la fotografia, l'attore / l'attrice, la regia, la colonna sonora, il / la regista, lo spettatore / la spettatrice, la sceneggiatura, la sala
Kreis rechts: il lettore / la lettrice
In der Mitte: il ritmo, la descrizione, il/la protagonista, il personaggio, il dialogo, l'autore / l'autrice, la trama, la scena, la storia.

4g	Attori : Lia Dronn nel ruolo di Arianna; Ernesto Forla nel ruolo di Marcello
	Regia / Regista: Gianna Turrigini
	Sceneggiatura: Gianna Turrigini e Filippo Sorta
	Colonna sonora / Musiche: Fabrizio Gialini
	Genere: drammatico
	Contenuto e giudizio (Mögliche Lösung) Arianna fa una vita normale, ma non è felice. Un giorno incontra per caso Marcello / incontra casualmente Marcello, un vecchio amico che non vede da vent'anni. Marcello è anziano / è invecchiato, ma è pieno di voglia di vivere, sembra / è sereno / felice ed autonomo, non ha bisogno di nessuno. Con l'aiuto di / Grazie all'aiuto di Marcello / Aiutata da Marcello Arianna prova a ritrovare i suoi sogni di ragazza: si licenzia, affitta il suo appartamento e parte per un anno per l'Australia / e va in Australia / e decide di andare in Australia per un anno, dove lavorerà / vuole lavorare come veterinaria in un'organizzazione che si occupa di animali selvatici. Presto scopre che la gente lì / in Australia è come la gente / è uguale alla gente che ha lasciato in Italia, egoista, indifferente. Non è felice, si calma / trova la calma solo nel lavoro e nella meravigliosa natura australiana / è calma solo quando lavora o è a contatto con la meravigliosa natura australiana. Arianna capisce che il problema è dentro di lei e che deve cercare la soluzione non fuori, ma dentro se stessa. Il film e la regia sono ottimi, l'attrice è eccezionale, meno l'attore / l'attrice è bravissima, l'attore un po' meno. Il ritmo del film è un po' lento, ma la fotografia soprattutto dei paesaggi è eccezionale. L'unico problema è la colonna sonora: non è molto adatta, penso che sia troppo moderna / la trovo troppo moderna. Non mi è piaciuta molto la colonna sonora, penso che sia troppo moderna e non adatta al film. Ma forse sono io troppo vecchio per capirla.

E Lo sapevate? Un Paese interessante

E1 Un posto sicuramente da vedere

1a 1. l'Italia, con 58 siti (Cina: 56; Germania: 51; Francia e Spagna: 49); 2. il centro storico di Firenze (1982) – Venezia con la laguna è iscritta al Patrimonio Unesco dal 1987; il centro storico di Napoli lo è dal 1995; 3. l'arcipelago della Maddalena in Sardegna, candidato dal 2006; 4. l'arte di fare la pizza, patrimonio Unesco dal 2017; 5. Oristano, in Sardegna; 6. Roma ha ricevuto dall'Unesco il titolo di «città creativa per il cinema».

1b Titel: Natura e cultura: così l'Unesco premia Padova.

1c Falsch sind die Aussagen 2, 4, 6.

1d **Orto Botanico**
Dov'è: nel centro storico della città.
Perché vederlo: È il più antico Orto d'Europa rimasto nella sede originaria; ospita più di 3500 specie di piante diverse, fra cui la famosa Palma di Goethe.
Da visitare assolutamente: il Giardino della biodiversità.
Che cosa fare ancora: Ci sono corsi di acquarello botanico per chi ama la pittura. Si organizzano attività creative per famiglie e bambini.
Consigli pratici: scaricare l'app per decidere prima che cosa vedere; evitare le ore centrali della giornata nei mesi più caldi; mettersi la crema anti-zanzare.

1e va visitata, 2. va fatta, 3. vanno visti, 4. va prenotata, 5. vanno assolutamente provate

1f Perché visitare Palermo e dintorni? Perché questa zona ha tanto da offrire ai turisti. Quest'estate abbiamo visitato la Palermo arabo-normanna con le Cattedrali di Cefalù e Monreale, dal 2015 Patrimonio dell' UNESCO / che sono Patrimonio... dal 2015. È stata un'esperienza indimenticabile per la bellezza delle città e dei loro edifici. A Palermo da visitare assolutamente / vanno assolutamente visitati il Palazzo dei Normanni con la Cappella Palatina (per molti la più bella chiesa della Sicilia!) e la Chiesa di San Giovanni degli Eremiti. Qui si può fare / consiglio di fare una pausa nel meraviglioso giardino del Chiostro. Da vedere / Da visitare / Da non perdere la Cattedrale di Palermo (da sopra si ha / si gode / una meravigliosa vista sulla città) e il Mercato di "Ballarò". Le Cattedrali di Monreale e Cefalù sono magnifiche / splendide, però ci vuole / è necessaria una macchina per raggiungerle. La gastronomia dell'isola è favolosa / ottima. È da provare / Da provare assolutamente tutto il cibo di strada di Palermo; a chi ama il dolce raccomando / consiglio i famosi cannoli siciliani.

E2 Da una generazione all'altra

2a **Mögliche Lösungen**
Credo che la pizza sia patrimonio non materiale dell'umanità perché è un cibo / un alimento molto diffuso e semplice / perché la conoscono / è conosciuta in tutto il mondo / perché è un piatto tipico italiano / perché è una tradizione tipicamente italiana...

2b Ciao Sofia, ho letto / ho visto tempo fa / recentemente che per l'Unesco la pizza è "patrimonio immateriale dell'umanità". Se fossi italiano/a, ne sarei molto felice, ma ho un dubbio: perché (hanno scelto) la pizza e non, per esempio, gli spaghetti? Quali sono i motivi? Me lo sai spiegare? Grazie!

2c 1. – b.; 2. – c.; 3. – d.; 4. – a.

2d Fare una pizza a Napoli non è solo associare e cucinare in modo corretto gli ingredienti, ma anche un rito sociale, che comprende saper usare gesti precisi, lingua e dialetto e a volte diventa un vero spettacolo; si tratta di un patrimonio culturale che passa da una generazione all'altra grazie all'apprendimento e alla pratica diretta; grazie alla decisione dell'UNESCO quest'arte eviterà di sparire in un mondo sempre più globalizzato.

2e **Mögliche Lösung**
Italia / mondo, piatto tradizionale, UNESCO, pizzaiolo, ingredienti, pizzeria, rito sociale, gesti, lingua / dialetto, spettacolo, patrimonio culturale, generazione, apprendimento e pratica, giovani e vecchi, scuola, arte, tradizioni

2f Imparando a conoscere le antiche tradizioni si capiscono meglio le differenze culturali.
Proteggendo e trasmettendo le tradizioni si sviluppa il dialogo fra generazioni.
Si capisce meglio un Paese studiandone la cultura.
In un mondo globalizzato è importante studiare le tradizioni della gente comune.
Facendolo, si protegge la creatività e la storia delle persone.
Trasmettendo il sapere da una generazione all'altra non si perdono le conoscenze raccolte nei secoli.

2g Ciao ragazzi! Allora, ho fatto delle ricerche e ho scoperto che dal 2014 il pane tedesco è patrimonio dell'umanità UNESCO. In Germania c'è / abbiamo una grande varietà di pane: ci sono quasi 3200 specialità (di pane)! Lo sapete: nelle panetterie trovate pane di ogni tipo e forma. Le ragioni / Le cause / I motivi di questa varietà sono molte / molti: la storia, la geografia, il clima, i diversi modi di produzione hanno influito sulle caratteristiche e sulle forme dei diversi pani. Con la decisione dell' UNESCO si dovrebbe proteggere questo sapere / si dovrebbero proteggere queste conoscenze, per trasmetterlo/trasmetterle alle prossime generazioni / alle generazioni future. Speriamo che sia veramente così!

E3 Provare per credere!

3b Supplì: Lazio; arrosticini: Abruzzo; orecchiette con cima di rapa: Puglia; torta pasqualina: Liguria; sfincione: Sicilia; piadina: Emilia Romagna

3c

Caratteristiche del cibo di strada (in generale)	Per chi?	Caratteristiche del cibo di strada italiano	Esempi
Preparato sul posto, pronto da mangiare e in porzione singola; si consuma all'aperto, in piedi, passeggiando, qualche volta seduti dove capita; è saporito, economico, pratico e veloce.	*Per gente che non ha tempo di sedersi tranquillamente a tavola, ma non vuole rinunciare ai piaceri del buon cibo. / Per persone che non hanno tempo. / che hanno poco tempo, ma lo stesso non vogliono rinunciare ai piaceri del buon cibo.*	*Nasce da ricette basate sulla cucina 'povera' regionale o su variazioni di ricette locali originariamente più complesse e più care. Sono ricette in cui si usano ingredienti semplici e genuini, che si cucinano presto ed hanno spesso dei nomi dialettali, proprio perché legati alla tradizione del posto / locale.*	*pizza fritta, arancini, piadina, supplì, arrosticini, focaccia ("fügassa", schiacciata, sfincione…)*

3d 1. pronto da mangiare, 2. dove capita, 3. «provare per credere», 4. cucina povera, 5. genovese

3e Barbara vuole sapere che cosa significa il nome / il signifcato del nome «sfincione», se è da provare, se è come / se assomiglia a una pizza.
Damiano dà informazioni sull'origine del nome e sugli ingredienti.

3f Ci sono dubbi sull'origine del nome; si pensa che il nome derivi dalle caratteristiche del pane; Damiano consiglia a Barbara di provarlo.

3g tradizioni antiche, differenze fra ieri e oggi, storia

3h 1. l'origine non è chiarissima; 2. il nome deriva / viene da...; 3. secondo alcuni... secondo altri, invece,...; 4. si dice che...; 5. certo è che...

3i In italiano non si dice "salsa bolognese", si dice "ragù". Infatti il nome / Il nome infatti deriva / viene dal francese "ragout", che era un piatto / un cibo con pezzi di verdura e di carne cucinato lentamente / che (si) cucinava lentamente. Il "ragout" è arrivato / arrivò dalla Francia a Napoli e al Vaticano e da lì (è passato / passò) a tutta l'Italia. All'inizio non c'erano ancora i pomodori nella ricetta e si mangiava il ragù senza la pasta. Oggi / Oggigiorno la ricetta conosce / esiste in / presenta molte variazioni / varianti. Secondo (l'opinione di) alcuni cuochi, per esempio, ci vuole / bisogna mettere / si deve mettere anche la panna, secondo altri no. Si dice anche che la pasta migliore per il ragù sia / siano le tagliatelle all'uovo (e non gli spaghetti). Una cosa è certa: è uno / si tratta di uno dei piatti più amati in Italia e all'estero.

F Per rilassarsi è il massimo!

F1 Un programma ampio e interessante

1a 1. Terza (3.) edizione di "Sì allo sport, sì alla salute". L'evento...; 2. programma con tutte le indicazioni...; 3. i più allenati...; 4. ai corsi che si svolgono nelle palestre...

1b A: atletica; B: corso di bocce; C: corso di tango / danza; D: arrampicata

1c corsa, canottaggio, pesca subacquea, arrampicata, paracadutismo, squash, Formula 1, ciclismo, pallavolo, ping pong

1d Non ci sono gare, solo corsi / attività / iniziative varie. Poi non bisogna iscriversi ai corsi all'aperto, ma solo ai corsi che si svolgono in palestra / al chiuso. E non è necessario avere il certificato (documento) medico, serve / è necessario solo per i corsi di karatè e di atletica.

1e Giada pensa che non sia / non sarà facile avere il certificato medico / che Peter debba informarsi / che è meglio che si iscriva subito / che il corso di karatè non sia adatto a lei / che sia sconsigliato per chi ha problemi di schiena come lei.
Peter pensa che debba solo cercare un medico e chiedergli il certificato; che il karatè sia ideale e che si ottengano in poco tempo ottimi risultati.

1f 1. Ma sei sicuro che...?
2. Non saprei... / Dici?
3. No, guarda, non fa per me!
4. È meglio che...

1g 1. – Foto C: Sì, è meglio che lo rifaccia.; 2. – Foto A: Non saprei... / Dici?, 3. – Foto D: Non saprei... / Dici?; 4. – Foto B: No, guarda, non fa per me.

1h Hai visto il programma? È proprio per tutti! Se vieni, passeremo un sabato fantastico! Non dirmi di no...
Non saprei... / Dici? (Ma) sei sicura che sia adatto a tutti?
Ma certo! Ci sono così tante attività. Per esempio, che ne diresti di provare lo squash?
No guarda, (proprio) non fa per me! Da mesi ho un problema al ginocchio.
E allora proviamo il corso di tango! Io e te, sai che divertente?
È meglio che ti trovi un altro partner... io sono negato per / non sono per niente portato per il ballo.

F2 Il movimento ti può aiutare

2a Elena non deve preoccuparsi, perché è un'iniziativa per aiutare gli impiegati della ditta.

2b 1. Pierpaolo offre corsi e consulenze; 2. I corsi inizieranno fra sette giorni; 3. I corsi non sono obbligatori; 4. I corsi si svolgono prima o dopo l'orario normale di lavoro; 5. Gli interessati possono iscriversi subito; 6. In primavera ci sarà un'iniziativa speciale a cui potrà partecipare solo una parte degli impiegati; 7. Per l'iniziativa primaverile occorre scrivere o telefonare al signor Mirat.

2c 1. postazione di lavoro; 2. aver luogo; 3. allegato; 4. contattare; 5. ulteriori (informazioni)

2d 1. Siamo lieti di annunciare...; 2. Vi invitiamo ad approfittare di quest'offerta; 3. Vi prego di contattarmi.

2e Foto 4 – Text A: Chi siamo; Foto 1 – Text B: Perché iscriversi; Foto 2 – Text C: Che cosa offriamo; Foto 3 – Text D: Dove si svolgono gli allenamenti

2f

Tipo di corso	*corso di ginnastica dolce*
Perché ha partecipato	*Elena voleva fare qualcosa per la sua schiena e soprattutto desiderava abbassare il livello di stress.*
Descrizione del corso	*attività di stretching e di movimento non troppo faticose ma molto efficaci*
Giudizio sul corso	*Il corso è stato una piacevole sorpresa.* *Elena si sente più forte e rilassata e il suo mal di schiena è molto migliorato.* *Pierpaolo ha saputo motivare i partecipanti / tutti ad ogni lezione, con attività sempre nuove, non troppo faticose ma molto efficaci.*
Consigli e proposte	*L'orario non è ideale per impiegati/e che alle 7.30 sono già in ufficio e magari a casa hanno figli piccoli che li aspettano la sera; cominciare il corso un po' prima potrebbe essere una buona idea.*

2g Mi sono iscritto al corso «Ginnastica per tutti» e ne sono molto soddisfatto / contento. Il corso si è svolto / ha avuto luogo sia nella ditta, sia all'aperto, al parco Leopardi. Tutte le lezioni mi sono piaciute molto. Non erano sempre semplici / facili, ma alla fine dell'ora mi sentivo / ero sempre pieno di energie. Pierpaolo mi ha anche aiutato a organizzare meglio la postazione di lavoro. Da allora non ho più mal di testa, sono meno stressato e ho decisamente migliorato la forma fisica. Invito tutti ad approfittare di quest'offerta, perché è veramente un'ottima iniziativa / un'iniziativa ottima.

F3 Una pausa dal ritmo quotidiano

3a Anita è arrabbiata perché sua figlia fa' quello che vuole, non studia e a casa non aiuta per niente; è tornata a casa appena alle 4.00, senza avvertire la mamma / ma non ha telefonato ad Anita, che l'ha aspettata sveglia tutta la notte.

3b Dai, tesoro, non arrabbiarti, è l'età! A 17 anni eravamo tutti così, un po' ... difficili! Secondo me è meglio che questo fine settimana tu faccia una pausa e vada da qualche parte, altrimenti la situazione peggiora. Anzi, sai cosa? Andiamo via insieme! Passare un fine settimana fuori città farà benissimo a tutti e due. D'accordo? Adesso cerco dove andare...

3c 1. che le parli; 2. che voi due vi calmiate; 3. che oggi tu esca; 4. che la ragazza capisca.

3d Sì, perché le Terme sono ideali per chi cerca una pausa dal ritmo quotidiano e desidera ritrovare uno stile di vita senza stress e tensioni. Questo mese c'è in offerta il programma benessere per un fine settimana.

3e Non corretti: Ogni settimana un'offerta speciale; A tutti i nostri ospiti un regalo di benvenuto!; Accessori compresi nel pacchetto «Relax».

3f 1. gambe pesanti; 2. problemi del sonno; 3. asma; 4. influenza; 5. pelle delicata

3g Nina: così così; Luigi: eccellente; Lori: buono

3h **Problemi:** pulizia scarsa / non ideale, troppa gente, troppo rumore; prezzi del noleggio accessori piuttosto alti
Aspetti positivi: posizione incantevole e rilassante, trattamenti efficaci, qualità del cibo ottima, personale molto disponibile e gentile, camere tranquille e gradevoli

3i Abbiamo comprato il pacchetto «Relax» e (devo dire che) è stata veramente una piacevole sorpresa. Anche se siamo rimasti solo un fine settimana, alla fine eravamo / ci sentivamo rilassati e contenti. L'unico problema è stato arrivare alle terme. Purtroppo la spiegazione sulla pagina web non è / era corretta perché da marzo c'è un cantiere a metà strada e bisogna / si deve fare un'altra strada / c'è un'altra strada da fare. Siamo arrivati con un'ora di ritardo. È meglio che non ci siano / non si diano informazioni in internet se non sono aggiornate e che la direzione controlli spesso la pagina web, per evitare problemi di questo tipo. Ma nel complesso ci è piaciuto molto e pensiamo di ritornarci in settembre.

G Non una sola lingua

G1 È una parola di origine napoletana

1a Die Lösung finden Sie in der nächsten Übung.

1b Comunica solo in italiano: il 46% circa della popolazione; usa sia l'italiano, sia il dialetto: il 33% circa della popolazione; comunica quasi solo in dialetto: il 14% della popolazione; usano il dialetto soprattutto gli anziani.

1c Die Aussage 3 ist falsch.

1d 1. gattara; 2. scugnizzo; 3. ciao; 4. vongola; 5. amarcord; 6. gazzetta

1e Stefano e Mimmo discutono sulla distinzione fra «lingua» e «dialetto».

1f Stefano: 2., 4; Mimmo: 1., 3., 5.

1g Dov'è il problema? Uno può parlare bene sia il dialetto, sia la lingua. Però è importante avere molti esempi buoni di lingua scritta e orale. Per esempio, se in / nella famiglia si parla solo il dialetto, è necessario che i bambini leggano molto e ascoltino trasmissioni in lingua adatte a loro. Ma una cosa non esclude l'altra! Al contrario / Anzi: saper parlare sia il dialetto sia / che la lingua offre solo vantaggi.

G2 Quante lingue parli?

2a I dubbi di Donatella: non sa esattamente quali competenze si richiedano a livello linguistico e se le sue siano sufficienti; vorrebbe saperlo in anticipo, per prepararsi al lavoro nel modo migliore; ha sentito che il costo della vita è decisamente molto più alto che in Italia e ha il dubbio che lo stipendio medio da infermiera non sia sufficiente per coprire le normali spese mensili.
Ha bisogno di un consiglio per trovare una persona o un'associazione a cui rivolgersi per questi problemi.

2b Lingue parlate: italiano e ladino → madrelingua: tedesco → (livello) discreto; francese → (livello) ottimo

2c 1. avrei bisogno di ulteriori chiarimenti. 2. Il primo punto riguarda... il secondo punto, invece, riguarda...; 3. Mi sa indicare un Suo / una Sua collega o anche un'associazione...; 4. (Per qualsiasi domanda) mi può contattare a questo indirizzo e-mail. 5. La ringrazio vivamente e resto in attesa di una Sua risposta.

2d La soluzione migliore per Donatella sarebbe cercare un posto di lavoro / lavorare nel Cantone dei Grigioni, perché in questo Cantone ci sono / perché qui si parlano tre lingue ufficiali: l'italiano, il tedesco e il romancio. Donatella parla già l'italiano e il ladino / è madrelingua italiana e ladina e il ladino è molto simile al romancio. Inoltre parla già discretamente il tedesco.

2e 1. orientale; 2. occidentale; 3. meridionale; 4. plurilinguismo; 5. obbligatorio; 6. poliglotta

2f Oltre all'italiano nel Canton Ticino si parlano anche altri dialetti del nord-Italia.
Il romancio assomiglia a due lingue che si parlano nel nord-est d'Italia.
Nelle scuole svizzere si imparano obbligatoriamente altre lingue.
In Svizzera ognuno ha il diritto di scegliere

la lingua ufficiale in cui comunicare. In Svizzera il tedesco è una lingua molto diffusa, a differenza del romancio, parlato da pochi.

2g Gentile Dott. Rota,
avrei bisogno di ulteriori informazioni.
Il primo punto riguarda le competenze linguistiche. Che livello d'italiano si richiede / è richiesto per il lavoro alla ditta / per lavorare nella ditta? Parlo l'italiano a livello principiante. Capisco i punti più importanti di una domanda o di un semplice dialogo, ma purtroppo non sono abituato a parlarlo, così / perciò / quindi ho ancora spesso difficoltà quando devo comunicare. Ho buone conoscenze di francese, ma ho problemi se mi parlano troppo velocemente e/o di temi specialistici. Però ho ottime conoscenze di inglese, perché l'ho imparato fin da bambino / fin dall'infanzia, quindi / perciò all'inizio forse / forse all'inizio potrei comunicare con i colleghi / le colleghe in inglese.
Il secondo punto riguarda l'alloggio. Devo ancora trovare un appartamento o almeno una stanza. Mi sa indicare un'associazione a cui (posso) rivolgermi?
Per qualsiasi domanda mi può contattare a questo indirizzo e-mail.
La ringrazio (vivamente) e resto in attesa di una Sua risposta.
Distinti saluti, ...

G3 Dipende dalla storia

3a ... it/attualità/una realtà varia e complessa: lingue e dialetti sul territorio nazionale/

3b a. – 5.; b. – 6.; c. – 7.; d. – 3.; e. – 4.; f. – 1.; g. – 2.

3c 2, 5 und 7 sind nicht korrekt → 2.: ...sul territorio nazionale si parlano ancora più lingue; 5.: il tabarchino, un antico dialetto ligure (...) parlato (...) nel sud-ovest della Sardegna 7.: il tabarchino (è) parlato da circa 10.000 persone.

3d **Mögliche Lösungen**
Lingue in Italia (oltre all'italiano): le lingue ufficiali sono 12; sono le lingue delle «minoranze storiche»; sono tutelate / protette dalla legge; sono le seguenti: albanese, catalano, germanico, greco, sloveno, croato, francese, franco-provenzale, friulano, ladino, occitano e sardo; in Italia si parlano ancora più lingue, ma non sono sulla lista delle lingue tutelate / protette.
Differenze fra «dialetto» e «lingua»: la discussione sul tema lingua / lingue / dialetti è ancora aperta; non è ben chiaro quali siano le differenze fra una lingua e un dialetto.
Sardo: è una lingua parlata in Sardegna.
Tabarchino: è un antico dialetto ligure parlato nell'arcipelago del Sulcis, nella Sardegna sud-occidentale, da circa 10.000 persone. Si chiama così perché lo parlavano dei pescatori liguri che vivevano a Tabarca, in Tunisia.

3e # oltre i confini, # lingue ufficiali, # storia e lingue, # emigrazione

3f Ungheria, Repubblica Ceca, Russia, Slovacchia, Sudafrica, Polonia

3g Il tedesco è la lingua ufficiale della / in Germania, dell'/ in Austria e del / nel Liechtenstein ed è anche una delle lingue ufficiali dell'Unione Europea, della Svizzera, del Belgio e del Lussemburgo.
Ma per ragioni storiche si parla il tedesco in molti altri Paesi / in molte altre nazioni, per esempio dell'Europa orientale / dell'est, come la Romania, l'Ungheria, la Polonia. Oltre i confini dell'Unione Europea / Fuori dell'Unione Europea / dell'EU ci sono comunità numerose di persone che parlano il tedesco / di germanofoni in Russia e soprattutto negli Stati Uniti / negli USA, in Sudafrica, in Brasile. Ancora oggi si parla il tedesco in alcune zone e città della Namibia.
E in Italia? Il tedesco, insieme all'italiano e al ladino è lingua ufficiale dell' / in Alto Adige; si parlano altri dialetti di origine germanica in alcune valli delle Alpi.

Quellenverzeichnis

Cover, Rücktitel: © Getty Images/iStock/IanaChyrva

Fotos Innenteil:

S. 7:: © Getty Images/iStock/jacoblund
S. 8: Avatare © Thinkstock/iStock/simo988
S. 10: © Getty Images/iStock/Baton72
S. 12: © Getty Images/iStock/Rawpixel
S. 14: © Getty Images/iStock/smrm1977
S. 16: © Getty Images/iStock/monkeybusinessimages
S. 17: © Getty Images/iStock/Jordi Calvera Solé
S. 18: A bis F © Getty Images/E+/Apennin, © Getty Images/iStock/Christopher Ames, © Getty Images/iStock/CreativeNature_nl, © Getty Images/iStock/Delpixart, © Getty Images/iStock/jonathanfilskov-photography, © Getty Images/iStock/zumstein71, Nadia © fotolia/lightpoet
S. 21: Rettungsboot © Getty Images/iStock/Lisa-Blue, Segelboot © dimaberkut/123rf.com
S. 22: 1 bis 9 © Getty Images/iStock/AlexRaths, © Getty Images/E+/onebluelight, © Getty Images/iStock/Issaurinko, © Getty Images/iStock/popovaphoto, © Getty Images/iStock/lysh2006, © Getty Images/iStock/phanasitti, © Getty Images/iStock/druvo, © Thinkstock/iStock/adisa, © Thinkstock/iStock/Natikka
S. 23: von links nach rechts und oben nach unten © Thinkstock/iStock/dmitriymoroz, © Leyre – stock.adobe.com, © Getty Images/iStock/Nerthuz, © Thinkstock/Hemera/Zeljko Bozic, © Getty Images/iStock/Karimpard
S. 24: © Getty Images/iStock/tbradford
S. 25: © Getty Images/iStock/germi_p
S. 26: 1 bis 3 © Getty Images/istock/Motortion, © Getty Images/E+/fizkes, © Getty Images/iStock/PeopleImages
S. 27: © Thinkstock/iStock/Ljupco
S. 29: © Getty Images/iStock/GaudiLab
S. 31: © Getty Images/iStock/PeterHermesFurian
S. 33: © Getty Images/DigitalVision Vectors/Ajwad Creative
S. 34: Recycling © Getty Images/iStock/LanaStock, Müllsäcke © Getty Images/iStock/Rainer Puster, Altglas © Thinkstock/iStock/travellinglight
S. 35: Sperrmüll © Getty Images/iStock/Srdjanns74, Pizzastück © Getty Images/iStock/Christian Horz, Avatare © Thinkstock/iStock/simo988
S. 37: Stau © Getty Images/iStock/canbedone, Allee © Getty Images/iStock/Voyagerix
S. 38: © Getty Images/iStock/nrqemi
S. 39: Avatare © Thinkstock/iStock/simo988
S. 40: © Getty Images/iStock/fizkes
S. 41: © Getty Images/iStock/Vershinin
S. 42: © Getty Images/iStock/Dejan_Dundjerski
S. 44: © vegefox.com – stock.adobe.com
S. 45: Avatare © Thinkstock/iStock/simo988, Pikto Daumen hoch © Getty Images/iStock/dikobraziy
S. 47: © iStock/Maica
S. 50: © iStock/M_a_y_a
S. 52: © kemirada – stock.adobe.com
S. 53: © Getty Images/iStock/matimix
S. 55: © Getty Images/iStock/Levent Celikkaya
S. 56: © Getty Images/iStock/phive2015
S. 57: A bis D © Getty Images/iStock/Photogilio, © Getty Images/iStock/Anton Kornieiev, © Getty Images/iStock/DisobeyArt, © Sebastiano Fancellu – stock.adobe.com
S. 58: © iStock/Kaphoto
S. 59: © Thinkstock/iStock/Deklofenak
S. 60: © Getty Images/iStock/fabioderby
S. 61: © Getty Images/iStock/ONGAN
S. 62: © Enrico della Pietra – stock.adobe.com
S. 63: © Getty Images/iStock/Evghenia Tiba
S. 64: © Getty Images/iStock/anyaivanova
S. 66: © Getty Images/iStock/VR19
S. 67: © Getty Images/iStock/beats3
S. 68: 1 bis 6 © Getty Images/iStock/giovanni1232, © Getty Images/iStock/Gabbiere, © Getty Images/iStock/Ale02, © Getty Images/iStock/Geshas, © Getty Images/iStock/ucioganci, © Getty Images/iStock/ALLEKO, unten © Getty Images/iStock/FRANCESCO VIGNALI
S. 70: © Getty Images/iStock/gandolfocannatella
S. 71: © Getty Images/iStock/Rainer Lesniewski
S. 72: © Getty Images/E+/Xsandra
S. 73: A bis D © Getty Images/iStock/JPeragine, © Getty Images/iStock/wiskid, © Getty Images/iStock/JackF, © Getty Images/iStock/inenkiy
S. 76: A bis D © Getty Images/iStock/Vadym Petrochenko, © Getty Images/iStock/tommaso79, © Getty Images/iStock/Valeriy_G, © Getty Images/iStock/Deagreez
S. 77: © Andrey Popov – stock.adobe.com
S. 78: © Getty Images/iStock/Deagreez
S. 79: 1 bis 4 © Getty Images/iStock/Ljupco, © Getty Images/iStock/AndreyPopov, © Getty Images/iStock/Volker Schneider, © Getty Images/iStock/fizkes
S. 81: © Getty Images/iStock/spaxiax
S. 82: oben © Getty Images/iStock/Hibiscus81, unten © Getty Images/iStock/ROMAOSLO
S. 83: © Getty Images/iStock/marilyna
S. 84: © Getty Images/iStock/SanyaSM
S. 85: © Getty Images/iStock/Ridofranz
S. 86: © Getty Images/iStock/tbralnina
S. 87: © Getty Images/iStock/ajphoto
S. 89: © Getty Images/iStock/william87
S. 90: © Getty Images/iStock/AsianDream
S. 91: © Getty Images/iStock/dragana991
S. 92: © Getty Images/iStock/Ivanko_Brnjakovic
S. 93: © Getty Images/iStock/Ombretb
S. 94: © Getty Images/iStock/fabiano caddeo
S. 95: © Getty Images/iStock/Onidji
S. 96: © Getty Images/iStock/VeranoVerde

Bildredaktion:
Cornelia Hellenschmidt, Hueber Verlag, München

Notizen

Notizen